交通运输行业高层次人才培养项目著作书系

胡 萌　徐一岗　陈 梅
顾兴宇　姜 舟　编著

江苏省国省干线公路快速化建设关键技术

Key Technologies of Arterial Highway Rapid Transformation in Jiangsu Province

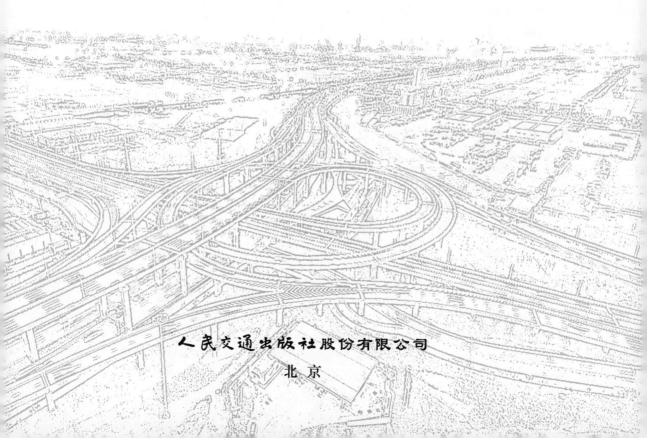

人民交通出版社股份有限公司
北京

内 容 提 要

随着我国城市化水平不断提升,越来越多的干线公路因功能和安全需要亟待进行快速化建设。本书立足于江苏省,通过对干线公路快速化建设的临界条件、道路断面、设计速度、道路线形设计参数的合理取值、道路节点设计等方面进行研究,建立适用于快速城市化地区的干线公路快速化建设的理论体系,形成适合我国城市化背景下的干线公路快速化建设设计技术方法,指导并推动干线公路改造项目的开展,充分发挥干线公路的经济效益和社会效益。

本书可供从事干线公路快速化建设的相关人员参考使用。

图书在版编目(CIP)数据

江苏省国省干线公路快速化建设关键技术 / 胡萌等编著. — 北京:人民交通出版社股份有限公司,2022.9
ISBN 978-7-114-18089-7

Ⅰ.①江⋯ Ⅱ.①胡⋯ Ⅲ.①干线公路—道路建设—研究—江苏 Ⅳ.①U412.1

中国版本图书馆 CIP 数据核字(2022)第 120930 号

交通运输行业高层次人才培养项目著作书系
Jiangsu Sheng Guo-Sheng Ganxian Gonglu Kuaisuhua Jianshe Guanjian Jishu

书 名:	江苏省国省干线公路快速化建设关键技术
著 作 者:	胡 萌 徐一岗 陈 梅 顾兴宇 姜 舟
责任编辑:	丁 遥
责任校对:	席少楠 刘 璇
责任印制:	张 凯
出版发行:	人民交通出版社股份有限公司
地 址:	(100011)北京市朝阳区安定门外外馆斜街 3 号
网 址:	http://www.ccpcl.com.cn
销售电话:	(010)59757973
总 经 销:	人民交通出版社股份有限公司发行部
经 销:	各地新华书店
印 刷:	北京市密东印刷有限公司
开 本:	787×1092 1/16
印 张:	8.25
字 数:	157 千
版 次:	2022 年 9 月 第 1 版
印 次:	2022 年 9 月 第 1 次印刷
书 号:	ISBN 978-7-114-18089-7
定 价:	70.00 元

(有印刷、装订质量问题的图书,由本公司负责调换)

交通运输行业高层次人才培养项目著作书系编审委员会

主　任：杨传堂

副主任：戴东昌　周海涛　徐　光　王金付
　　　　陈瑞生（常务）

委　员：李良生　李作敏　韩　敏　王先进
　　　　石宝林　关昌余　沙爱民　吴　澎
　　　　杨万枫　张劲泉　张喜刚　郑健龙
　　　　唐伯明　蒋树屏　潘新祥　魏庆朝
　　　　孙　海

书系前言
Preface of Series

进入21世纪以来,党中央、国务院高度重视人才工作,提出人才资源是第一资源的战略思想,先后两次召开全国人才工作会议,围绕人才强国战略实施做出一系列重大决策部署。党的十八大着眼于全面建成小康社会的奋斗目标,提出要进一步深入实践人才强国战略,加快推动我国由人才大国迈向人才强国,将人才工作作为"全面提高党的建设科学化水平"八项任务之一。十八届三中全会强调指出,全面深化改革,需要有力的组织保证和人才支撑。要建立集聚人才体制机制,择天下英才而用之。这些都充分体现了党中央、国务院对人才工作的高度重视,为人才成长发展进一步营造出良好的政策和舆论环境,极大激发了人才干事创业的积极性。

国以才立,业以才兴。面对风云变幻的国际形势,综合国力竞争日趋激烈,我国在全面建成社会主义小康社会的历史进程中机遇和挑战并存,人才作为第一资源的特征和作用日益凸显。只有深入实施人才强国战略,确立国家人才竞争优势,充分发挥人才对国民经济和社会发展的重要支撑作用,才能在国际形势、国内条件深刻变化中赢得主动、赢得优势、赢得未来。

近年来,交通运输行业深入贯彻落实人才强交战略,围绕建设综合交通、智慧交通、绿色交通、平安交通的战略部署和中心任务,加大人才发展体制机制改革与政策创新力度,行业人才工作不断取得新进展,逐步形成了一支专业结构日趋合理、整体素质基本适应的人才队伍,为交通运输事业全面、协调、可持续发展提供了有力的人才保障与智力支持。

"交通青年科技英才"是交通运输行业优秀青年科技人才的代表群体,培养选拔"交通青年科技英才"是交通运输行业实施人才强交战略的"品牌工程"之一,1999年至今已培养选拔282人。他们活跃在科研、生产、教学一线,奋发有为、锐意进取,取得了突出业绩,创造了显著效益,形成了一系列较高水平的科研成果。为加大行业高层次人才培养力度,"十二五"期间,交通运输部设立人才培养专项经费,重点资助包含"交通青年科技英才"在内的高层次人才。

人民交通出版社以服务交通运输行业改革创新、促进交通科技成果推广应用、支持交通行业高端人才发展为目的,配合人才强交战略设立"交通运输行业高层次人才培养项目著作书系"(以下简称"著作书系")。该书系面向包括"交通青年科技英才"在内的交通运输行业高层次人才,旨在为行业人才培养搭建一个学术交流、成果展示和技术积累的平台,是推动加强交通运输人才队伍建设的重要载体,在推动科技创新、技术交流、加强高层次人才培养力度等方面均将起到积极作用。凡在"交通青年科技英才培养项目"和"交通运输部新世纪十百千人才培养项目"申请中获得资助的出版项目,均可列入"著作书系"。对于虽然未列入培养项目,但同样能代表行业水平的著作,经申请、评审后,也可酌情纳入"著作书系"。

高层次人才是创新驱动的核心要素,创新驱动是推动科学发展的不懈动力。希望"著作书系"能够充分发挥服务行业、服务社会、服务国家的积极作用,助力科技创新步伐,促进行业高层次人才特别是中青年人才健康快速成长,为建设综合交通、智慧交通、绿色交通、平安交通做出不懈努力和突出贡献。

交通运输行业高层次人才培养项目
著作书系编审委员会
2014 年 3 月

作者简介
Author Introduction

胡萌,男,毕业于东南大学交通学院,工学硕士,研究员级高级工程师,现任江苏省交通运输厅公路事业发展中心党委书记、主任。

前 言
Foreword

随着我国城市化进程的加快,原有干线公路越来越不能适应城市化的需求,通行效率低下且安全问题突出,亟待进行快速化建设。本书立足于江苏省,通过对干线公路快速化建设的临界条件、道路断面、设计速度、道路线形设计参数的合理取值、道路节点设计以及综合安全评价等方面进行研究,建立适用于快速城市化地区的干线公路快速化建设的理论体系,形成适合我国城市化背景下的干线公路快速化建设设计技术方法,对指导并推动干线公路改造项目的开展,充分发挥干线公路的经济效益和社会效益,具有重大的研究意义和实践价值。

快速城市化地区的干线公路兼有公路和城市道路双重功能,如何更好地融合公路和城市道路的设计标准,设计出能够满足快速城市化地区出行需要的道路,是一个值得深入研究的问题,本书在这方面进行了积极的探索。

本书的主要内容如下:

(1)在调研快速化与干线公路建设关系的基础上,对干线公路快速化建设特征进行研究,分析干线公路和城市快速路的特点,评价需进行干线公路快速化建设地区的现状,进而分析确定干线公路快速化建设的特征,并提出相应的快速化建设临界指标,建立干线公路快速化建设理论,更好地指导相关部门进行快速化建设。

(2)通过对《公路工程技术标准》(JTG B01—2014)、《公路路线设计规范》(JTG D20—2017)、《城市道路工程设计规范(2016年版)》(CJJ 37—2012)、《城市道路路线设计规范》(CJJ 193—2012)、《城市快速路设计规程》(CJJ 129—2009)等国内规范和美国、日本、法国等国外规范中技术标准相关要求的比较,结合干线公路所处区域及对应功能定位,对干线公路快速化建设断面类型进行分析论证;在对干线公路快速化建设设计速度进行研究的基础上,对干线公路快速化建设后道路的路线设计具体指标进行细化研究,并提出指标具体的建议选用值。

(3)对比中外有关节点设计的规范,建立干线公路交叉口节点改造的方法体系,对干线公路快速化建设节点的指标选择、方案比选、匝道线形指标设计给出合适的推荐值,并对节点的主辅路出入口设置进行研究,对加减速车道长度分析给出出入口最小间距的建议值。

(4)科学界定快速化公路建设与管理过程中相关单位和部门承担的职责和义务,形成符合江苏省实际需求的快速化公路建设与管理全流程指导意见,形成职权清晰的快速化公路管理体系,供相关建设、管理部门参考。

(5)为促进和规范江苏省普通国省道公路快速化建设,总结快速化建设的相关技术,编写了《江苏省普通国省道公路快速化建设设计技术指南》,方便从事干线公路快速化建设的业内人员参考和使用。

本书在编写过程中得到了华设设计集团股份有限公司的大力支持,在此表示感谢!

由于编写时间仓促,书内难免有疏漏和不当之处,欢迎读者朋友们批评指正。

作 者
2021 年 7 月

目 录
Contents

第1章　绪论 ·· 1
　1.1　技术背景 ··· 1
　1.2　国内外技术动态 ·· 2
　1.3　本书主要内容 ··· 5
　1.4　典型工程案例介绍 ··· 7
第2章　干线公路快速化建设现状 ··· 15
　2.1　公路快速化建设的发展现状 ··· 15
　2.2　公路快速化建设存在的问题 ··· 16
第3章　国省道公路快速化建设条件 ··· 19
　3.1　城市空间结构 ··· 19
　3.2　城市发展水平 ··· 23
　3.3　道路服务水平 ··· 24
　3.4　道路安全水平 ··· 28
　3.5　临界条件汇总 ··· 30
第4章　设计速度 ··· 34
　4.1　设计速度选择的背景 ·· 34
　4.2　设计速度选择的影响因素 ·· 35
　4.3　设计速度的选取 ·· 35
第5章　横断面设计 ··· 37
　5.1　横断面设计考虑因素 ·· 37
　5.2　横断面设计原则 ·· 38
　5.3　横断面设计方案 ·· 39
第6章　线形设计 ··· 44
　6.1　线形设计的影响因素 ·· 44
　6.2　平面设计 ··· 45
　6.3　纵断面设计 ·· 53

第 7 章 道路接入优化设计 ··· 57
7.1 一般规定 ··· 57
7.2 平面交叉口功能区接入 ··· 57
7.3 一般路段接入 ··· 57
7.4 交通流导入 ··· 58
7.5 主辅路出入口设计 ··· 58

第 8 章 交叉设计 ··· 61
8.1 辅路平面交叉设计 ··· 61
8.2 立体交叉设计 ··· 61
8.3 节点方案比选 ··· 69

第 9 章 交通设施设计 ··· 74
9.1 交通安全设施 ··· 74
9.2 交通管理设施 ··· 83

第 10 章 其他设施设计 ··· 84
10.1 管线 ··· 84
10.2 排水 ··· 85
10.3 照明 ··· 86

第 11 章 国省干线公路快速化建设行业管理研究 ··· 89
11.1 研究原则和目标 ··· 89
11.2 行业管理研究 ··· 89

附录 A 江苏省普通国省道公路快速化建设与管理指导意见 ··· 92

附录 B 江苏省普通国省道公路快速化建设设计技术指南 ··· 96

参考文献 ··· 116

第1章 绪 论

1.1 技术背景

在改革开放和世界经济全球化的影响下,我国的社会经济发展十分迅速,城市化进程加快。从2000年到2011年,我国的城市化水平由36.09%提高到51.27%。2015年,我国的城市化率已超过58%。我国城市化的特点是:起步晚,规模小,基础设施质量差,功能与竞争力弱,发展不平衡;发展速度快,未来潜力大;大城市人口增长快,城镇体系初步形成,城市首位度高;"后来居上"与"后发劣势"并存,整体处于初级城市化水平。

根据发达国家的普遍规律,当一个国家城市化水平达到40%左右时,城市化进程将进入20年左右的高速发展阶段,我国正处于这样的转轨时期。相比于城市化水平,城镇化是我国扩大内需的重要源泉,也是实现现代化的重要标志,对指导道路等基础建设更具有实际意义。以沿海部分发达地区为例,城市规模不断扩大,城市与城市、城市与乡镇之间的界限已经越来越模糊,城市之间乡村的消失速度正在加快,取而代之的是连片的公司与工厂,甚至部分地区已全部实现城镇化。在城镇化背景下,农村人口加快向乡镇人口及城市人口转变,居民出行需求亦空前高涨,部分地区道路基础建设已经不能适应快速增长的出行需求,造成出行效率低下,事故增多,严重制约区域经济发展。

自20世纪90年代开始,我国进行了大规模的公路建设活动,公路总里程快速增加,干线公路总里程也随之增加,带动了沿线经济的快速发展,加快了城市化的进程。然而这种经济的发展模式主要是一种沿干线公路发展的以点带线的模式,随着近几年经济的快速发展和城市化的快速推进,经济发展开始转变为块状发展的模式,伴随而来的是公路逐渐向城市道路演变(即公路街道化),干线公路逐渐成为大城市区域范围的内部道路。

在这种发展模式下,由于人们在设计干线公路时并没有全面考虑该地区多种交通对象(如行人和非机动车)的出行,没有准确定位该地区干线公路的功能,随着该地区城市化进程的加快,原先的乡镇变为街道,干线公路两侧也布满了新的小区、工厂,行人及非机动车出行增加,这就带来了一系列的问题:

(1)由于原有的干线公路主要考虑的是快速过境的机动车,并未设置非机动车道、人行道以及公交站台,行人、非机动车以及公共交通的通行就成为主要问题。

(2)行人和非机动车出行增多,大大降低了机动车的通行速度,原先设计中采用的公路设计指标(如平曲线半径、超高、纵坡等)就变得不尽合理。

(3)快速化进程中，沿线的工厂、小区等要求增加开口数量，而公路建设中则要求归并入口、减少开口，这必然会产生矛盾。同时行人、非机动车与机动车的出行冲突增多，不仅大大降低了机动车的车速和通行能力，还对行人和非机动车的安全造成了威胁。

以上问题最终导致干线公路难以发挥其过境交通快速和组团交通疏散的作用，原有的公路功能逐渐在衰退，而城市道路功能又不完善，即原有的干线公路不能适应快速城市化地区居民的出行需求。

由于原有干线公路不能适应城市化的要求，通行效率低下且安全问题突出，因此需要改造的干线公路项目较多。调查已经改造的干线公路以及正在进行干线公路快速化改造的道路发现，对改造项目虽已意识到需要考虑干线公路的城市功能，但仍缺乏系统全面的考虑，比如：

(1)重视干线公路主线的改造而忽略辅路的改造，致使辅路交通组织混乱、安全问题突出。

(2)改造后干线公路主线设计速度高，然而主线平交口未进行立体化改造，致使整条道路行车速度仍较低，且平交口处有较大安全隐患。

(3)辅路未进行道路接入管理与优化，致使辅路开口数量众多，交通混乱，有很大安全隐患。

因此，本书选择江苏省国省干线公路(包括国省道干线公路和重要县道公路)作为研究对象，研究干线公路快速化改造过程中的主要关键技术。

主要根据道路服务对象的改变研究道路的功能定位、干线公路快速化系统的构建、道路横断面布置的合理形式及其适用性；研究道路线形设计参数(设计速度、平曲线半径、超高、纵坡等)的合理取值，道路出入口的合理设置及交通渠化，平交口立体化改造，道路接入管理，道路设计的综合安全性等。

1.2 国内外技术动态

1.2.1 国外相关实践与研究

国外对道路通行能力的研究非常重视，并且取得了丰硕的研究成果。1950年，美国交通工程师协会(American Association of State Highway and Transportation Officials, AASHTO)出版了《道路通行能力手册》(*Highway Capacity Manual*, HCM)第一版，随后在1965年修订出版了第二版，1985年出版了第三版。第三版除了详细论述公路与城市道路的通行能力外，又增加了高速公路和无信号交叉口等交通设施通行能力分析的内容。1994年出版了第四版，主要采用新的思想和方法对信号交叉口和无信号交叉口通行能力的研究方法进行了修正。2000年手册对在不同交通条件下道路、交叉口的通行能力相关内容进行了修订，并增加了车辆安全设施、智能交通系统的内容。

快速路是20世纪城市化运动的产物，也是汽车交通迅猛发展的结果，机动化的不断深化要求有高等级的道路与之相适应。现代城市快速路发展的研究早在19世纪末就引起了国外专家学者们的重视。

2000年A. Al-Kaisy等详细分析了出入口通行能力与主线流量、匝道流量、减速车道长度及车道数之间的关系，指出主线流量、匝道流量达到一定值时出入口通行能力达到最大，主线流量及匝道流量超过一定值时，出入口通行能力反而下降。

2003年美国联邦公路管理局发行的 *Freeway Management and Operations Handbook* 中强调，快速路的建设应该有一个长远的规划，对快速路的道路接入应该综合考虑地区出行交通需求及快速路交通饱和度。

2009年得克萨斯交通部出版的 *Access Management Manual* 中提出了快速路平行道路的设计原则、连接道路间距标准、U-turn标准等。

美国和日本是世界上修建快速路较多的国家，一些美国城市在整个城市区域内就以发达的快速路加上二级道路为主要交通网络，例如华盛顿等大城市快速路网密度为干线公路网密度的17%~20%。目前，欧美发达国家大城市路网骨架已经基本定型，很少有大规模的城市快速路建设，因而研究的重点已转向快速路的智能交通控制方面，逐步将车辆智能化研究的研究成果扩展到道路交通运输的全过程及相关服务部门，带动整个道路体系形成交通运输现代化的"智能交通系统"。

国外的快速路发展比我国快。由于国外交通自身的特点以及建设体制的原因，其干线公路所面临的街道化、城市化现象与我国相比不明显，因此对干线公路快速化建设相关的研究也较少，研究主要集中在干线公路和城市之间的相互关系，以及快速化出入口流量与车道的关系等。国外干线公路现阶段的研究集中在智能化方面。

1.2.2 国内相关实践及研究

在干线公路的发展期间，在规划、设计、施工、监理、管理等多个专业方面的研究同样也是百家争鸣、百花齐放，取得了丰硕的研究成果，极大地提升了干线公路的质量，对于完善干线公路网络建设起到了积极的推动作用。而随着干线公路所连接的节点城市规模的不断扩展，干线公路逐渐被城市包围，原先功能定位的作用发挥受到了很大的限制，有部分研究提出了对干线公路进行快速化建设的思考。

王新明就城市周边干线公路平交道口交通拥堵、事故频发、机动车与非机动车大量混行、干线公路服务水平持续下降等受城镇化干扰的问题，分析了近几年来苏州市干线公路快速化建设的模式，重点针对干线与支线道路交叉方式，对主线上跨、主线下穿、支线上跨、支线下穿4种模式进行了分析对比。

王云泽等针对欠发达地区经济困难、交通需求强烈等现状，从设计的总体思路、设计速度、平纵面设计、横断面设计等方面对干线公路快速化建设设计进行了探讨。

陈至辰在快速化地区干线公路交通改善方案研究中,对干线公路外迁和保留、交叉改造、车道宽度等方面进行了研究。

彭庆艳、蒋应红在《城市化进程中公路与城市道路关系研究——以上海市嘉定区道路系统为例》中提出了城市化进程中新的道路等级分类体系,以功能为划分标准整合了公路与城市道路,并以县区为单位,按照密集区与稀疏区的划分,规定了道路建设模式与路网规划要求。

吴祖峰、茅国振等在《公路与城市道路的融合研究——以宁波市江北区为例》中对公路与城市道路的主要区别以及融合原则、内容方面进行了研究。

姚玲玲在《公路和城市道路技术标准确定探讨》中针对新建道路,分别按照公路、城市道路标准选择设计技术参数,并进行了深入比较。

钟宇翔在《开放式干线公路过境设计研究》中从安全角度,对干线公路特别是城镇段的过境方式进行了深入研究。

吕永雄、马健萍结合广东省省道 S111 番禺罗家至沙湾大桥段道路的快速化建设方案设计,对公路横断面如何改造为城市快速路(即城市过境道路)的横断面进行了探讨,并对其断面的构成要素进行了研究。

朱水坤等提出设置集散车道是解决快速化地区干线公路交通混乱的一种重要方法并进行了论证分析,明确了快速化地区干线公路横断面设计的原则以及集散车道设计的方法。

李娟对公路与城市道路连接的问题进行了研究,认为在公路城市化进程中,公路与城市道路融合存在功能不明确、衔接不合理等诸多问题的主要原因是公路与城市道路在功能及标准方面存在差异,公路有必要与城市道路进行动态融合。公路快速化建设是城市化进程中的重要途径,同样存在着衔接上的诸多问题。

我国大中城市的快速路工程从无到有历经 20 多年,在这过程中积累了较为丰富的建设经验,规划与设计水平也有了较大程度的提高。近年来,国内不少城市化程度较高的地区也逐步开展了干线公路的快速化建设工作。如常州市对原先为干线公路的中吴大道进行了快速化建设,全线采用主辅路规划断面形式,通过交叉口渠化和设置公交专用道并配合设置主线绿波等措施,有效提高了道路的通行能力和服务水平。深圳市的布龙路也进行了快速化建设,采用主线双向八车道、局部路段两侧加设集散车道的断面形式,有效地解决了机动车与非机动车混杂、交通拥挤且横向干扰大的问题,且极大地改善了道路绿化景观,实现了干线道路向城市道路的转变。

目前国内研究主要集中在快速化地区干线公路规划、快速化道路出入口布局以及干线公路快速化设计时涉及的总体、路线、路基路面、桥梁涵洞、交叉等各个专业的技术方面。《城市快速路设计规程》(CJJ 129—2009)作为行业标准于 2009 年出版,为城市快速路设计提供了很好的指导。但其主要使用对象是城市的内部道路,而不是干线公路。目前对于干线公路快速化建设设计中各个专业的具体技术指标、参数都没有明确可遵循的标准、规范和规程。由于快速城市化地区的干线公路兼有公路和城市道路双重功能,如何更好地融合公路和城市道路的设计标准,设计出能够满足快速城市化地区出行需要的合理道路,是一个值得探讨的问题。

因此,在国内外相关研究基础上,归纳适用于城市化地区国省干线公路改造的理论体系,形成适合我国城市化背景下的干线公路改造设计方法,显得尤为必要和迫切;对指导并推动干线公路改造项目的开展,充分发挥干线公路的经济效益和社会效益,具有重大的研究意义和实践价值。

1.3 本书主要内容

本书在广泛调研江苏省现有国省干线公路快速化建设项目的基础上,梳理快速化改造项目的运营现状,分析成功经验和教训;根据快速化改造项目中原公路服务对象及交通组成的变化,尝试界定快速化改造的临界条件;系统研究国省干线公路快速化建设后的道路功能,建立快速化改造的理论体系;根据重新定位的道路功能,开展国省干线公路快速化技术标准研究;分析目前快速化改造项目的行业管理问题,因地制宜地提出相关建议,提升管理水平。

本书包括以下主体内容:

(1) 江苏省国省干线公路快速化改造项目调研分析

选取苏南、苏中、苏北代表性快速化改造工程,开展国省干线公路快速化项目调研,获取快速化改造项目在规划层面、实施方面、管养方面和改造效果方面的数据,总结改造项目的成功经验,分析存在的问题及原因,并有针对性地提出改善意见或建议。

(2) 国省干线公路快速化建设理论研究

以江苏省城市化发展为对象,研究不同区域城市化进程的特征、基本要求以及战略模式的选择,分析国省干线公路快速化建设影响因素,结合江苏省国省干线公路勘察设计指南,提出定量化评价指标体系,系统分析国省干线公路功能调整和快速化改造的必要性、临界条件与规划布局方法,形成公路快速化改建理论。

(3) 国省干线公路快速化建设技术标准研究

由于原有普通国省道采用公路技术标准,在快速化改造过程中,为了兼顾公路功能及城市道路功能,同时为了控制工程造价并减少拆迁,在设计技术标准选用上比较模糊,致使城市道路技术标准与公路技术标准使用混乱。《城市快速路设计规程》(CJJ 129—2009)作为行业标准于2009年发布实施,为城市快速路设计提供了很好的指导,但其主要使用对象是城市的内部道路,而不是普通国省道。目前对于普通国省道快速化改造设计中各个专业的具体技术指标、参数都没有明确可遵循的标准、规范和规程。

因此,本书拟根据重新定位的快速化改造项目的道路功能,建立国省干线公路设计速度等级优选、国省干线公路横断面布置、线形设计指标、接入口安全设计、平交口改造、道路配套设施等的工程技术标准并优化设计技术,使其对今后的快速化改造建设具有实际指导意义。

本书还包含以下子内容:

①国省干线公路快速化建设总体方案研究

在分析国省干线公路改造前设计速度及远期规划的基础上,对快速化地区国省干线公路的设计速度进行研究,讨论改造后设计速度提升或降低的依据,提出国省干线公路快速化改造主辅路的设计速度。总结快速城市化地区国省干线公路横断面中现存问题及目前快速化改造工程中凸显的问题,在考虑占地条件、造价、城市繁华程度、景观和环境控制等因素的基础上对3种横断面形式(地面式、高架式、隧道式)的特点、适应性开展分析,建议使用场合,并进行具体的界面划分,利于后期管理养护。

②国省干线公路快速化建设几何线形设计

国省干线公路快速化建设的影响因素较多,选用不同的设计指标会引起行车安全、景观、工程规模、造价等方面的差异。本书对比分析公路、城市道路设计规范及欧美几何设计体系,综合考虑道路功能定位、老路现状、工程规模、行车安全和道路景观要求,分析设计指标选用的影响因素,确定设计指标的选用原则,提出合理的线形设计指标。

③国省干线公路快速化建设节点设计

国省干线公路进行快速化改造必定与很多道路相交,需合理制订交叉节点方案。节点的快速化改造是设计指标的重点之一,对于快速化改造项目的功能实现意义重大。本书通过对现有国省干线公路交叉节点改造方案类型的收集整理,分析节点改造的影响因素,明确改造的处理原则和方式。通过技术指标的赋值和确权,量化评价节点改造方案的优缺点,为合理选择改造方案提供决策依据。

④国省干线公路快速化建设接入口管理优化技术

本书通过查阅国内外相关文献以及实地调查获取相关数据,分析快速化地区道路接入口的车辆行驶特征以及冲突数据,运用数理统计方法对其进行分类,分析其特征,并在此基础上研究接入口之间以及接入口和交叉口之间的合理间距及相应几何设计(接入道路长度、接入口交通组织设计、接入口开口宽度和接入口处的转弯半径等)。

⑤国省干线公路快速化建设配套设施研究

国省干线公路快速化建设项目相关配套设施包括道路工程、桥梁工程、景观与环境工程、市政管网工程和交通工程设施等。对比分析公路设计和城市道路设施对于配套设施要求的异同,归纳总结现有快速化改造项目对于配套设施的需求,提出一般性的快速化改造附属设施设计方案或意见。

(4) 国省干线公路快速化建设行业管理政策体系研究

在城市扩张进程中,原先的国省干线公路开始发挥城市道路的功能,相对于未被侵蚀的城市道路和普通国省道而言,道路的归属、使用等已逐渐变得模糊。

对于国省干线公路快速化项目,需要剖析行业管理部门在管理机构职能、管理方法、管养资金来源等方面面临的问题,分析其深层次机理,提出行业管理问题的解决措施或建议。

(5)《江苏省普通国省道公路快速化建设设计技术指南》

为促进和规范江苏省普通国省道公路快速化建设,总结快速化建设的相关技术,编写了《江苏省普通国省道公路快速化建设设计技术指南》,方便从事干线公路快速化建设的业内人员参考使用。

指南立足于江苏省,针对普通国省道公路途经各个城市节点在实际运营管理过程中出现的拥堵、安全等问题,提出合理可行的快速化建设技术标准,建立适用于普通国省道公路快速化建设的理论体系,指导并推动国省道公路快速化建设项目的开展,充分发挥国省道公路的社会效益和经济效益。

1.4 典型工程案例介绍

本书通过"南京市江北大道快速化改造工程""苏州市中环快速路一期工程""无锡市蠡湖大道快速化改造工程"等典型工程案例,从快速化地区干线公路的设计、施工及改造等各个方面进行科学、系统的研究。

1.4.1 南京市江北大道快速化改造工程

南京江北快速通道主要由浦珠路(312国道)和宁通公路(328国道)组成,其中宁通公路(328国道)南京长江大桥北堡至浦泗路段与205国道、104国道共线,又称大桥北路,宁通公路浦泗路至六合段又称江北大道。宁通公路是地区主要的干线公路,是南京通往苏中苏北地区的重要通道,也是南京江北地区与主城区联系的重要通道,而浦珠路是浦口地区东西向唯一的贯通道路,因此,项目路在地区交通运输网中的位置举足轻重。

近年来,随着地区经济的快速发展,项目路已经由单纯的公路逐渐演变成兼有公路和城市道路功能的复合型通道,交通量增长非常迅猛。纬七路过江通道开通后,项目路连接了纬七路、长江大桥、长江二桥以及纬三路过江通道,成为浦口、六合通往南京主城最主要的一条连接各过江通道的道路,造成项目出入交通和城市内部交通混杂,交通秩序紊乱,部分路段拥堵严重。随着江北地区规划为南京新市区,在目前地区还无其他新的快速通道的情况下,非常有必要、也非常迫切需要对道路进行快速化改造,将不同性质的交通有效分离,快速疏解出入境交通,改善日趋紧张的过江交通状况,缓解周边地区的交通矛盾,完善江北地区的路网结构。

从区域路网看,项目南接南京长江大桥、纬七路和纬三路过江通道,北连浦泗路、二桥高速公路、雍六高速公路、宁洛高速公路和宁连高速公路,沟通浦口和六合两区,向北可达苏中、苏北地区,向南直通南京主城、浦口、六合中心区、合肥方向,不仅是区域公路网的重要组成部分,更是南京都市发展区重要的跨江通道连接线,也是江北副城的重要城市主骨架道路。从道路功能来看,浦珠路是南京快速二环的重要组成部分,而江北大道(宁通公路)是南京重要的快速放射线之一。项目改造后,可以与南京绕城公路等组成南京的城市二环,响应南京市新推出的拥江发展战略,沟通南京各个过江通道,构筑城市交通主骨架,发挥交通基础设施在"跨江发展"和"沿江开发"战略中的服务、引领和支撑作用,缓解主城及江北副城交通压力,实现南京交通"畅达、绿色、和谐"的美好愿景,推动江北新区的社会经济发展。项目建成后实景如图1-1所示。

图1-1 南京江北大道快速路实景

南京江北大道快速化改造工程位于南京市江北的浦口、六合两区,起自浦口区宁合高速公路与已建的纬七路长江隧道北接线交叉的龙华路口,沿现有浦珠路向北,过纬三路互通后沿朱家山河另辟新线,其后在泰山新村转盘附近接上现有的江北大道(宁通公路)至浦泗路立体交叉、雍庄立体交叉,止于六合区205国道宁连高速公路龙池互通,全长约35km。新江北大道的建设对推动建设南京市江北副城、实施沿江发展战略、完善城市快速路网、缓解过江瓶颈均具有十分重要的作用。此外,项目也是2014年南京青年奥林匹克运动会配套项目,是对外宣传展示南京城市风貌的重要标志。

312国道龙华互通至泰山新村段、328国道泰山新村至浦口六合区界段改扩建工程(以下简称南京江北大道快速化改造工程浦口段)快速化改造全长约19.395km,起自龙华互通,由南向北依次与纬七路、万寿路、七里河路、中央大道、纬三路、锦绣路、星火南路、大桥北路、纬八路、浦泗路、学府路、永新路、杨新路等现有或规划城市快速路及主、次干路相交,并与地铁10号线、4号线、3号线、津浦铁路、京沪铁路相交,过浦泗互通后路段与地铁11号线(宁天城际一期)共线,项目路跨越了七里河、定向河、朱家山河、金庄河及群英河等。沿线经过浦口新城、高新区、沿江街道、盘城街道。

江北大道全线道路等级为一级公路城市段,设置主辅车道,其中快速主线为双向六车道,设计速度80km/h,辅路为城市主干道双向四车道,设计速度40km/h。

1.4.2 苏州市中环快速路一期工程

苏州市中环快速路一期工程于2012年1月31日正式开工,全长112.204km,是当时苏州市投资规模最大的市政道路工程。

中环快速路工程是推动苏州市"一核(古城区)四城(东部综合商务城、西部生态科技城、南部滨湖新城、北部高铁新城)"快速发展的重要交通支撑,也是高新区与工业园区、吴中区、相城区之间快速联系的通道。

中环快速路的建成,使苏州市形成了由快速内环、快速中环、绕城高速公路外环组成的3条快速环路,并以独墅湖大道、友新快速路等8条快速放射线加以串联,构成了苏州中心城市对外辐射的快速路网体系。

路线大致走向为东起园区星华街,穿过阳澄湖,至相城太阳路,西到新区金枫路,往南从绕城高速公路东山出口与绕城高速公路共线后,由车坊互通折向星华街。主线采用双向六车道高架桥、隧道、地面道路等形式,设计速度80km/h,全线设娄江、苏虞张、大同路、宝带路、车坊、东山等互通27处,设计道路等级为城市快速路,工程总投资220亿元,于2015年7月底建成通车。

中环快速路的建成,对缓解快速内环交通压力,完善城市综合交通体系,实现城市各组团间的快速联系,推动中心城市空间合理布局和优化发展,都具有十分重要的意义。

其中子胥路(S230)枢纽互通式立体交叉位于中环西线与太湖度假区连接线的交叉处,3个方向的交通流量均较大,中环西线在此还形成了90°的转向。枢纽设计首先确保中环西线作为快速主线交通的连续和快捷,同时左转匝道均采用半直连式匝道,线形指标高,通行能力大,交通组织方式统一、清晰、高效。枢纽总体布置为4层,为Y形半直连全互通式立体交叉,如图1-2所示。其中,中环西线与太湖度假区连接线的辅路为地面第1层,中环西线主线、太湖度假区连接线主线为第2层,两条左转匝道分别位于第3层、第4层。

香山隧道位于吴中区的太湖度假区连接线上,线路跨越南绕城高速公路后经过寿山路互通,以隧道形式穿越香山,如图1-3所示。隧道进口明挖段由于寿山路立体交叉匝道进入隧道主线,在匝道影响范围内的隧道采用双向八车道向双向六车道渐变的布置形式,双向八车道连拱隧道横断面宽度达41.33m,因此建设难度较大。香山隧道的建成成为苏州交通的又一张新名片。

图 1-2　子胥路枢纽夜景

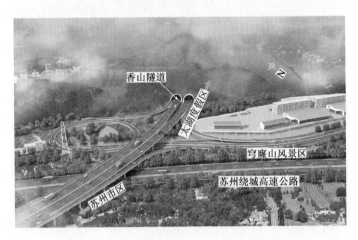

图 1-3　寿山路互通式立体交叉及香山隧道效果图

1.4.3　无锡市蠡湖大道快速化改造工程

无锡市蠡湖大道快速化改造工程于 2016 年立项,2019 年 1 月竣工通车。项目北起金石路,南至环太湖高速公路的南泉互通收费站,全长约 8.5km,道路红线宽度为 60.5～73.5m。蠡湖大道作为无锡"二环十射两联"城市快速路网中的南射线,对接环太湖高速公路南泉枢纽互通,对促进无锡南部地区发展、推动全市一体化进程、加强与周边城市的交通联系具有十分重要的意义。

同时,蠡湖大道兼顾了 S230 和 S608 公路功能,对接环太湖高速公路 S19 的南泉枢纽,实现了区域高速公路与城市快速通道的"高快一体化"格局,促进对外交通快捷出入,极大提升了无锡门户形象,对加强苏南区域一体化发展、加快太湖新城产业集聚、促进科教旅游创新发展意义重大。

蠡湖大道紧邻太湖,沿线景区多,景观要求高;道路快速化总体方案采用"地面快速＋节点隧道(桥梁)＋整体高架"的组合式快速化方案,道路鸟瞰图如图 1-4 所示。蠡湖大道快速主线以地面式为主，设短隧下穿周新路、短桥上跨高浪路后落地，利用吴都路短隧，设整体式高架上跨震泽路、具区路后顺接南泉收费站，其中高浪路节点为地下为主体的枢纽互通式立体交叉。金石路节点设置支线上跨，南湖中路节点设置支线下穿。另外，为了加强蠡湖大道快速路两侧的人非沟通，在大通路、观山路、万达城处设置3座人行天桥。

图1-4　无锡市蠡湖大道鸟瞰图

蠡湖大道快速化改造工程主线为城市快速路兼一级公路，双向六车道；辅路为城市主干路，双向四车道，局部双向六车道。整体式高架路段设置上下匝道2对。根据道路网规划及相交道路等级，全线设置枢纽互通式立体交叉1处、一般互通式立体交叉5处、分离式立体交叉2处。

高浪路枢纽为蠡湖大道与外环快速路高浪路的交叉节点，近期采用地下3层互通式立体交叉+蠡湖大道主线跨线桥方案，并局部预留高浪路主线隧道，节点建成后效果如图1-5所示。节点周边地块开发强度较高，东侧为魅力万科城及天鹅湖花园住宅小区，景观环保要求高。为降低工程对两侧小区的影响，东北、东南象限均采用隧道式互通匝道进行衔接，形成Y形地下隧道。

图1-5　高浪路枢纽鸟瞰图

1.4.4 盐城市范公路快速化改造工程

范公路快速化工程是盐城市市区规划田字形快速路网的南北纵向主轴线，也是"一环五射"内环高架的第一条射线。范公路位于开放大道东侧，紧邻新长铁路布设，为老204国道。项目于2009年立项，2015年6月竣工通车。范公路快速化工程包括南北走向的范公路快速路和北环枢纽、新洋大桥、建军路互通，全长13.6km。范公路快速化起点顺接老204国道（新兴互通附近），自北往南，依次跨越新龙路、新业路、新洋路、新洋港，上跨黄海路，下穿建军路立体交叉，与大庆路、青年路交叉，终点与世纪大道T形平交。

范公路快速化工程包括高架桥11.8km，特大桥2座，分别为范公路新洋大桥和北环路通榆河大桥；大型枢纽互通式立体交叉2座，分别为范公路与建军路互通、范公路与北环路互通枢纽；地面桥8座，其中，新洋大桥为苏中、苏北城市内河上最大的斜拉桥。

北环枢纽采用半苜蓿叶形＋部分定向匝道的全互通，包括被交北环路约1.8km高架桥，该互通方案为3层立体交叉。

建军节互通采用长条苜蓿叶形互通，且桥梁拼宽形式采用分离式。范公路地面式快速路下穿现有建军路主线桥，在建军路现有桥南北两侧分别平行新建E、F匝道桥，另外设置A、B、C、D 4个匝道沟通范公路辅路与建军路E、F匝道桥。

范公路新洋大桥采用120m＋216m＋120m的预应力混凝土部分斜拉桥，跨径位于国内同类桥梁前列。大桥采用左、右幅分离布置并共用中塔的横向三塔方案，在保证功能需求的同时也兼顾了桥梁结构受力的合理性，桥梁整体效果如图1-6所示。针对横向三塔的布置形式，采用塔梁分离、塔墩固结的半漂浮体系，有效处理了梁、塔、墩布设的难题。

图1-6 新洋大桥效果图

由于部分斜拉桥具有刚柔相济的特性，符合结构受力特点，经济、美观、刚度大、施工方便，其推广应用具有很大潜力。

1.4.5 昆山市中环东线黄浦江路快速化改造工程

昆山市中环快速路由江浦路、S339(富士康路)、黄浦江路和G312组成,全线总长约37km。中环东线黄江浦路段北接中环北线周市立体交叉,沿黄浦江路向南经陆家互通至友谊路,全长11.12km,其中高架快速路9.440km,地面快速路1.680km,建安费约25.4亿元。项目于2012年立项,2015年3月竣工通车。

中环东线的主要技术标准为:主线为双向六车道城市快速路,设计速度80km/h;辅路为双向六车道城市主干路,设计速度50km/h。

由于沿线相交道路众多,横向沟通密切、用地受控,因此除下穿京沪高铁和沪宁高速公路段外,东环快速路系统均采用高架形式。中环东线快速路黄江浦路上跨老S339及15条城市主、次干道和7条支路;与沪宁铁路相交处快速路上跨沪宁铁路,辅路利用老路下穿沪宁铁路;京沪高铁(沪宁城际)、沪宁高速公路段受现有构造物的控制,采用地面式快速路下穿现有的京沪高铁及沪宁高速公路;与G312相交处设陆家枢纽互通式立体交叉,如图1-7所示。

图1-7 陆家枢纽互通式立体交叉鸟瞰图

中环东线黄江浦路快速路共设置出入口12对,高架桥上下匝道8对;互通式立体交叉2座,其中陆家互通为大型枢纽互通式立体交叉,昆太路预留半苜蓿形互通,远期与黄浦江路辅路沟通;Ⅴ级航道苏浏线段采用分离式快速路,辅路利用苏浏线老桥,主线在老桥两侧分离跨过Ⅴ级航道。地面辅路桥梁9座、249.74m。

1.4.6 泰州市永定路西段快速化改造工程

永定路西段快速化改造工程项目位于泰州市区,为东西走向,起于泰高高速公路泰州东(塘湾)互通,终于长江大道交叉口,全长约12.73km。

此前,泰高高速公路泰州东(塘湾)互通至海陵南路段已经建成通车。新实施项目起点位于海陵南路交叉口(永定路1号隧道出口处),终点为长江大道,全长约4.631km;

采用全程高架方案,双向六车道,设计速度80km/h,与长江大道交叉口处设置Y形枢纽互通,如图1-8所示。项目分别上跨泰州大道、江州南路、吴州南路、吴陵南路和祥泰路等道路。项目东接海陵南路交叉口后,往西在皇家花园小区门口起坡,在靠近长江大道处落坡。

图1-8　长江大道与永定路交叉互通效果图

永定路西段快速化项目是泰州市快速路网规划"四纵、四横、井字放射形"的重要组成部分。不仅实现了泰高高速公路至城区交通的快速联系,也改善了328国道过境车多缓行的现状,实现内外交通、快慢分离,提升了运行速度和行车安全性、舒适性。此外,该路段建成后,将拉近海陵和姜堰的距离,有利于城市空间的拓展,加快实现优势资源共享。永定路快速化改造工程也是联系城市外围交通枢纽和高速公路的集散通道,其与东环高架、东风路快速路以及泰高高速公路相连,可实现快速的对外交通联系。

第 2 章　干线公路快速化建设现状

2.1　公路快速化建设的发展现状

据不完全统计,江苏省普通国省道快速化建设累计通车里程已超 400km,在建约 200km,其中大部分位于苏南五市。南京和苏州地区发展较早也发展较快,苏中主要分布在泰州、南通地区,苏北主要集中在连云港和徐州地区。具体项目类型可分为以下三大类:

(1)普通国省道兼顾城市主干道功能路段。以 205 国道江北大道为例,江北大道横贯六合、浦口两个区,连接南京长江大桥、南京长江隧道、南京扬子江隧道等,是南京江北地区主干道,沿线地区城镇化水平高,兼顾干线公路功能和城市主干道功能。考虑沿线土地资源受限,采用"高架+地面"横断面形式。其中,高架为双向六车道一级公路,设计速度为 80km/h,全程不设红绿灯,保障组团间交通和对外出行交通快速通过;地面采用城市道路断面形式,辅路设计速度为 40km/h,并设置了非机动车道、人行道,与沿线交叉道路采用平面交叉或右进右出的方式进行衔接,较好地保障了城市主干道功能,实现了机非分离;高架与地面机动车通过匝道衔接,实现了快速慢交通转换。江北大道快速化改造较好地解决了普通国省道兼顾城市道路功能的难题,有效满足了交通功能多元化的服务要求。

(2)城际间快速便捷的通行道路。以苏虞张公路(228 省道)为代表,张家港至苏州主城区之间缺乏城际快速通行道路,2004 年苏虞张公路项目建成通车后,交通量增长迅速,再加上沿线乡镇横向交通需求旺盛,平面交叉达 56 个,平均 0.93 个/km,交通事故频发,3 年期间发生交通事故 8600 多起。2008 年全线 50km 实施了第一次快速化改造,设置主线下穿 8 处、支线下穿 2 处,封闭平面交叉 35 处,保留平面交叉 21 个,部分路段设置了辅路。但是平面交叉和不同特征交通流相互干扰等问题依然存在,公路交通安全形势仍然比较严峻,仅 2010 年 1 月就发生交通事故 1800 多起。2010 年苏虞张公路北段 42km 再次实施了快速化改造,采用双向六车道一级公路标准,设计速度 100km/h,以设置菱形互通的方式全程消灭 14 处平面交叉,通过地方道路绕行消灭 2 处平面交叉,通过右进右出改造 2 处平面交叉,设置辅路进入主线封闭部分主线侧开口 25 处,辅路基本全线贯通,基本消除了快慢交通之间的相互干扰,主线机动车全程平均运行速度由不足

40km/h 提升至 90km/h 以上，公路通行效率得到显著提高，交通安全得到有效控制。

（3）快速集散交通通道兼顾沿线出行交通。以 312 国道—338 省道龙潭疏港路为代表，龙潭港区是推进南京长江国际航运物流中心建设的重要内容，312 国道—338 省道是龙潭港区至绕越高速公路主要快速集疏运道路，是宁镇通道的重要组成部分，也是龙潭新城对外出行的主要交通方式之一。龙潭港集疏运交通量快速增长，每年增长率达到 20%，以集装箱货车为主。同时，宁镇城际交通和沿线居民出行交通也快速增长，各种交通相互交织，制约了道路快速集疏运功能的充分发挥，无法适应龙潭国际综合物流集聚区建设要求。按照确保快速集疏运功能、兼顾沿线交通出行要求，考虑沿线土地资源限制，采用"高架+地面"横断面形式，其中高架直接与绕越高速公路栖霞互通衔接，实现了快速集疏运功能；结合实际需求，地面设置机动车道和人非混行道，与相交叉的道路通过红绿灯进行交通转换，有效兼顾了沿线交通出行功能；地面与高架桥通过匝道进行衔接，实现了快慢机动交通转换。

实践证明，在公路功能多元化、交通构成复杂化、出行需求规模化的情况下，普通国省道快速化建设是破解高强度混合交通的有效技术手段，并取得了较好的经济效益和社会效益，主要表现为三点：一是更好地引导和适应了新型城镇化发展。践行以人为本的理念，尊重多元化交通服务要求，引导和促进公路沿线土地合理开发，实现城镇集约化发展。二是实现了普通国省道与城市的无缝衔接。加快公路交通与城市交通的融合，有效破解"进出城难"问题，加速城乡一体化进程。三是有效提升公路交通安全畅通服务水平。实现了"快慢分离，各行其道、高效转换"，提升主线运行效率，基本消除了潜在交通安全隐患。从目前来看，各地对快速化公路建设积极性较高，但是对快速化公路建设和管理的认识和理解存在差异，仍需进一步指导和规范。

2.2 公路快速化建设存在的问题

通过对江苏省已实施快速化建设项目的调查，可以得出目前干线公路快速化建设存在以下问题：

（1）规划不合理、土地资源不能集约化利用

干线公路快速化建设中，由于规划不合理，道路的横向沟通节点布置与周边区域发展不匹配，不能形成合理的城市交通走廊，并造成一定的土地资源浪费。例如，在对苏虞张南段快速化建设工程项目路线布置图以及其周边的路网和服务片区进行分析后可知，其项目路线布设存在以下几点不足：

①过境交通通道形成一定阻隔。项目路段有绕城高速公路及京沪高铁等过境交通通道，其中绕城高速公路以地面方式通过，在地区内斜穿，并在近郊地区设置主线收费站，其进、出口匝道也偏少，京沪高铁以高架方式通过；同时，在路段范围内黄埭塘为相城

区规划Ⅴ级航道,属苏张支线,受到过境交通通道和通航河道的限制,周边道路受到较大的阻隔。

②产生立体交叉群。由于新苏虞张公路与绕城高速公路平行设置,在项目终点处产生了一个范围较大的立体交叉群。立体交叉群之间的间距、交通转换、收费站设置、后期改造等问题国内研究较少,部分技术尚不成熟,需慎重设置。

③地区地块不规则,产生狭长地带。由路线布置图可知,新苏虞张公路与绕城高速公路之间形成了一个狭长地带。在此路段范围内,苏虞张公路仅对道路右侧范围内起到服务功能,绕城高速公路隔断了苏虞张公路对左侧地区的交通服务功能;同时由于狭长地带宽度仅约为150m,此块区域土地基本不能被利用起来,浪费了一定的土地资源。

(2)技术标准、设计指标选用模糊

由于原有干线公路采用公路技术标准,在改造过程中,为了兼顾公路功能及城市道路功能,同时为了控制工程造价并减少拆迁,在设计技术标准选用上比较模糊,致使城市道路技术标准与公路技术标准使用混乱,例如苏虞张快速通道主线采用的是一级公路技术标准,辅路为三级公路技术标准,但实地调查发现苏虞张辅路早晚高峰期非机动车出行量较大,而苏虞张辅路采用的三级公路技术标准,其断面布置没有专门的非机动车道、人行道,致使非机动车、行人以及机动车共板行驶,有较大的安全隐患。此外,由于干线公路快速化建设项目路上车辆组成和行车特性介于公路与城市道路之间,其技术标准中的某些范围性设计指标的选用还有待商榷。

(3)辅路交通组织混乱,安全问题突出

由于对现有道路系统交通特性分析不足,在改造过程中只重视干线公路主线的改造而忽略了辅路的改造,致使辅路交通组织混乱、安全问题突出,主要表现为以下3个方面:

①干线公路改造过程中立体交叉范围内采用主辅路共板形式,从匝道进入主线的车辆直接经过辅路进入主线,具有一定的安全隐患;且辅路系统与立体交叉系统会产生一定的衔接问题,造成在辅路上行驶的车辆要绕行很长一段距离才能驶入与主线相交的道路,对车辆行驶造成一定的不便。

②改造后主辅路出入口设置的形式、位置以及间距存在不尽合理之处。例如,经现场调查发现,江北大道浦口段减速车道采用的是平行式,而当车辆通过平行式减速车道,从主线进入辅路时,其行驶轨迹为S形,对驾驶员操作提出较高的要求。现场调查还发现,平行式减速车道的渐变段分流鼻过短,25%的车辆没有行驶在最外侧附加车道上,而是直接冲入了外侧二、三车道。当辅路交通量较大时,易造成侧碰等行车安全隐患。此外,高架形式的主辅路出入口间距较短,相邻出入口之间车辆行驶存在一定的交织。

③改造后菱形立体交叉处辅路平交口范围过大,渠化设置不合理,同时辅路未进行

道路接入管理与优化，致使辅路开口数量众多，辅路设置形式不统一规范，交通混乱。

(4) 管养主体、标准不明确，资金缺乏

由于养护界限不明，公路部门与城市市政部门无法分别承担其应有的责任，部分路段绿化死亡率高。交管部门也不能及时查处超载等问题，道路受损严重。如果按照城市道路管理养护干线公路，其养护标准将会大幅提升，相应配套设施也应按照城市道路标准进行配置，养护资金大幅提升，这一部分资金如何筹集将会是一项十分棘手的问题。由于干线公路交通量大，每次养护施工时，需要与交管部门提前联系，封闭道路，造成周边道路交通量剧增，对人们日常出行造成困扰。

(5) 路权划分不明确，路政管理不便

干线公路快速化建设后，原公路断面变化给公路用地范围划定及管理带来了难题。在公路扩建后，增加了侧分带、辅路、非机动车道、人行道等，但《中华人民共和国公路法》中并没有包括这些内容，因此公路用地范围的划定急需明确。断面扩建也给公路控制区范围划定及路政管理带来了很大的难度。《公路安全保护条例》规定公路建筑控制区范围为公路用地外缘起向外国道不少于20m，县道不少于15m。因公路断面划分不明，导致公路建筑控制区范围不明确，给建筑控制区路政管理带来了难度。在新建高架部分，建成后高架及桥下管养界面不清，也给路政管理带来了不便。

第3章 国省道公路快速化建设条件

3.1 城市空间结构

现代城市发展的空间结构演变与城市发展阶段有密切的关系,随着城市的发展,城市空间结构呈现不同的形态,也对城市交通网络有不同的要求。

3.1.1 城市空间结构发展阶段特征

(1) 城市空间结构发展早期与扩张期

早期指以单中心为特点的中小城市发展阶段。城市工业化阶段,集中连片发展,中心只有一个,一般呈现同心圆形态,交通线路有时从中心向外呈放射状分布。以集中发展为主,高密度、集中式、单中心城市结构及"摊大饼"式城市形态初具雏形。

扩张期指以单中心为特点的大城市发展阶段。城市工业化成熟阶段,随着城市人口的增加,城市既有交通线路在既有土地使用基础上向外扩大,人口、产业和就业岗位等开始从市区向郊区扩散,出现分散组合式的或更为集中的发展模式,即形成所谓的"城市功能空间分布的单一中心模式"。

(2) 城市空间结构发展中期

中期指以多中心(核心)为特点的大都市区(圈)发展阶段。城市现代化阶段,城市由单中心发展模式转变为多中心(核心)发展模式,城市发展到由多个中心取代过去单中心,由一个中心城、多个核心城、多个核心(卫星城或新城、产业园区等)组成。随着郊区人口的增加,制造业、零售业、服务业、文化娱乐设施等纷纷出现在郊区,原来集中于中心城市的多种经济活动日益分散到郊区的各个中心点,在郊区形成功能较为完备的新都市。同时,尽管郊区内各中心点功能日益完善,但是仍然依赖于中心城市的信息和服务,与中心城市保持一定的联系,这样由传统的城市中心区与它的郊区中心共同组成一个多中心的大都市区。单中心空间结构逐渐向多中心结构演化。

(3) 城市空间结构发展成熟期

成熟期指以多个大都市区(圈)相连接组合为特点的大都市带发展阶段。城市国际化阶段,城市沿交通线继续扩展,建设新城,形成城市在更大区域发展的城市群与城市群的组合发展态势。这个时期是人口及就业岗位由中心城区向更广阔地域扩散的过程,城市空间形态又出现一种新的变化,即在城市边缘扩散中又有相对聚集,形成郊区新兴中心,这些中心具备了城市的典型功能——居住、就业、交通和游憩等,但建筑密度比中心城低。城市由单中心发展模式转变为多中心再到多核心发展模式,城市发展到由多个中心取代过去的单中心阶段。城市沿交通线继续扩展,建设新城,与周围城市共同组成城市群或大都市连绵带联合发展。发展趋向国际化,形成城市在更大区域发展的态势。

在此发展过程中,城市形态模式的演变如图3-1所示。

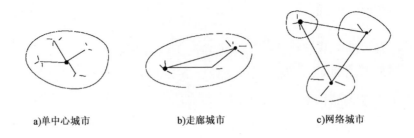

a)单中心城市　　　　　b)走廊城市　　　　　c)网络城市

图3-1　城市形态模式的演变

3.1.2　实证研究

(1)伦敦——集中发展(圈层模式)

从伦敦城市发展演变的过程分析可知,伦敦是典型的集中发展圈层模式。中心城处于都市圈内的中心位置,其他城镇则根据发展阶段的变化而在离中心城市不同距离的纵深位置呈同心圆状分布。这种模式向外扩张具有明显的阶段性,便于规划制定和实施的连续性,但是也给中心城带来了巨大的向心压力。

为了防止伦敦城市的无限制膨胀,同时解决城市人口过度集中、生态环境压力过大等问题,伦敦的城市规划开始有意识地对中心城进行控制,同时引导人口和产业向周边城镇疏散。大伦敦规划提出在伦敦周围地区新建多个卫星城,以接纳从伦敦疏散出来的人口和工业。大伦敦规划极为强调环城绿带和卫星城的建设。伦敦经历了多轮卫星城的规划,从最初完全依赖母城的"卧城",到以工业为主的工业城镇,最终发展为相对于主城独立的卫星城。伦敦跳开绿带向外拓展,在郊区建设卫星城,从第一代工业城镇到第四代具有综合独立功能的新城,城市的功能逐渐完善,规模也在不断扩大,距离母城的距离也越来越远,分散疏解的思想贯穿发展过程始终,并且通过发达的交通网络将各城镇相贯通,形成"城市群"的发展格局。同时,原有设想的环城绿带基本被贯彻和实施,虽然有部分地区的绿带被蚕食,但总体的生态空间格局是被保留的。伦敦中心城区与大都市区的人口密度差距最小,伦敦通过多轮的卫星城和新城的建设,达到了人口向更大区域内疏解的目的。在大都市区内,伦敦周边的新城对人口也具有较强的吸引力,成为区域内新的增长点。

(2) 上海——"多心、多核、有机圈层"

改革开放之后,上海进入了高速发展时期,努力追赶世界发展的步伐。上海以浦东新区开发为契机,走在了我国改革开放的最前沿,开始了迈向国际大都市的发展历程。世界城市既是由上而下中央政府赋予上海的责任,也是经济全球化国际背景下,上海迈向世界的必然选择。上海发展重心转移到浦东后,城市新中心开始建设,成功地将浦西部分金融、商务等功能转移到浦东,城市中心逐渐偏移。城市跨过黄浦江发展,城市形态逐步呈现饼状趋势。上海中心城区建设日新月异,但由于对郊区的基础设施建设和政策关注的不足,城市生态空间控制与建设的意识有限,导致城市变革的重点依然在中心城内,中心城继续以高密度的同心圆方式扩展。整个上海市域城镇等级不完善,城市发展呈现明显的单核心格局,城市功能过于集聚,形成了特大型单核心城市,"多核心"的努力受制于时代局限,难以成功。

全球化对我国城市的主要冲击表现为促使城市化进程和产业结构重组的加速。伴随城市经济总量的不断扩大,上海的产业结构经历着战略性的重组,第一、第二产业比重逐渐下降,以信息产业为首的第三产业比重逐年上升。产业结构的重组也带来了就业结构的重组,尤其是外来务工人员的增加,影响到城市空间结构的重组。在坚持以疏散为目标的指导下,完成《上海城市空间发展战略研究》,确定在上海市域空间内构筑"多心、多核、有机圈层"模式的区域都市圈。"多心"——规划上海中心城,分别形成圈和圈层两个区域,整个中心城的地域范围将达到圈。"多核"——规划形成以中心城为都市圈核心,以辐射状的城市轴为骨架,以联合经济发展起核心城市来分担现在中心城集中和部分功能的城市,是以周围地区经济产业中心和服务中心为区域中心的组合城市。"有机圈层"——上海的空间扩展摒弃完全外延的模式,采用不同功能有机结合的模式。主要构筑中心城-近郊区-郊区产业和城镇发展带的三大圈层,以不同的主导功能、开发模式、开发强度的生态圈层共同构成上海未来空间上的"有机圈层"。

3.1.3 城市空间结构与交通效率关系研究

(1) 数据选取

在上海外环线以内的中心城地区共筛选出 11 个就业中心,分别是外滩街道、静安寺街道、淮海中路街道、虹梅路街道、徐家汇街道、广中路街道、潍坊新村街道、大桥街道、外高桥保税区、友谊路街道和张江高科技园区,其中外滩街道被界定为主中心。以街道作为研究样本单位,会因为街道面积较大和街道内部就业分布不均衡而使实际的就业中心不能达标,如五角场商圈是上海东北部区域传统的就业中心,但五角场街道面积较大,而且大部分用地性质属于高等教育和居住,因而平均下来五角场街道就业密度并不高。基于以上两点考虑,降低就业中心选择标准,结合地区就业聚集实际情况,在西南、西、西北和东北 4 个方向上补充萃庄镇、长寿路街道、天山路街道和五角场街道 4 个就业中心。最后,在上海市中心城区确定了15个就业中心作为研究样本图。

(2) 研究方法

研究方法采用统计的相关分析和回归分析,以检验多中心结构对于通勤效率的影响。其中,就业中心的平均通勤时耗为因变量。根据国内外学者的研究经验,表征多中心结构特点的自变量被定义为与就业主中心的距离,拟考虑的其他解释变量还包括反映职住均衡的平均职住距离、通勤方式(包括公交车通勤比重、轨道交通通勤比重、小汽车通勤比重、非机动化通勤比重),反映道路交通强度的就业密度(假设就业密度与道路交通强度成正比),以及通勤者的社会经济属性(包括平均收入水平、平均受教育程度、女性比率和平均年龄)。除了就业密度根据《上海经济普查年鉴》和历年《上海统计年鉴》中的相关数据核算外,其他变量都根据问卷调查所获数据进行计算。

运用散点图对自变量进行初步筛选,其中,5个自变量与通勤时耗具有相关性并呈现线性相关,而就业密度与通勤时耗呈自然对数相关,故对其取自然对数形式。运用Pearson相关系数法进行进一步分析,并把双尾检验的置信度从0.05放宽至0.1,6个自变量都通过了检验。按其相关性大小,这些变量分别是就业密度(0.896)、非机动化通勤比重(-0.876)、与主中心距离(-0.750)、平均收入水平(0.746)、轨道交通通勤比重(0.637)和平均职住距离(0.589),括号内为标准化的相关系数,将它们代入下面的多元回归分析。因变量与6个自变量的定义和描述性统计见表3-1。

变量定义域描述性统计分析　　　表3-1

变量组	变量名	定义	均值	标准差
通勤效率	平均通勤时耗	就业中心通勤者平均单程通勤时耗(min)	39.28	7.71
多中心空间结构	与主中心距离	就业中心与主中心的最短道路里程(km)	8.92	6.85
职住均衡	平均职住距离	就业中心通勤者平均单程通勤距离(km)	10.32	2.15
道路交通强度	ln 就业密度	就业中心街道的就业岗位密度(人/hm^2)的自然对数	5.09	1.14
通勤方式	非机动化通勤比重	步行、自行车与助动车通勤者比重之和(%)	24.73	14.87
通勤方式	轨道交通通勤比重	地铁与轻轨通勤者比重之和(%)	25.19	15.32
社会经济特征	平均收入水平	通勤者月收入平均值(千元)	7.61	1.41

首先,各就业中心与主中心的距离这一变量与平均通勤时耗的相关分析显示,两者之间的Pearson相关系数达到-0.750,通过了0.01显著水平下的双尾检验。由就业主中心向外,随着距离的增加,就业中心的平均单程通勤时间逐步减少,尤其是在10km以外,这一下降趋势更为明显。

城市化进程中,城市空间结构向多元化发展,而次中心的交通由于处于建设初期,通行效率较高,为缓解整体城市交通压力,应建设主次中心间的快速通道,保证次中心的可达性和交通通畅性,沟通各中心间交通,同时缓解城市主中心的交通集聚效应。

3.1.4 临界值选取

根据上述研究,城市发展至中期时,逐步形成了以多中心为特点的大都市区,基本的多开口城市干线道路已无法满足不断增长的各中心区之间的城市内长距离交通需求,同时城市主中心由于用地闲置等问题出现交通拥堵,当高度相关指标(通勤效率、与主中心距离、就业密度)达到临界值时,可开展干线公路快速化建设论证。具体指标见表3-2,当表中城市空间结构相关指标有一项达到临界值时,可开展干线公路快速化建设论证。

城市空间结构相关临界指标 表3-2

通勤效率	平均通勤时耗	就业中心通勤者平均单程通勤时耗(min)	>31.42
多中心空间结构	与主中心距离	就业中心与主中心的最短道路里程(km)	>7.15
道路交通强度	ln 就业密度	就业中心街道的就业岗位密度(人/hm^2)的自然对数	>4.07

注:以上数值均参考均值的80%。

3.2 城市发展水平

3.2.1 地区生产总值增长率

经济的增长会导致人们对运输服务需求的增长,这是交通基础设施网络发展的动力之一。由于我国城市有大规模的人口数量,随着经济的快速发展和城镇化进程的不断加快,经济和社会对运输服务的需求远远大于目前的供给,因此,这些需求就进一步导致了对交通基础设施投资需求的增加;同时,城镇化进程的不断加快和经济的快速发展也为城市带来了大量的经济流、交通流与信息流,这就要求与之相适应的交通设施体系规模,进而促使政府加快对交通基础设施的投资与建设。

另一方面,对交通基础设施本身的投资能够刺激对相关商品和服务的需求的增长。完善的交通基础设施体系能够有效吸引投资,更低的运输成本和交易成本加速了产业集聚,致使经济活动集中度增加,提高了劳动生产率,促进了地区生产总值的增长。交通基础设施的完善能够提高区域间的可达性,降低旅行时间和费用,提高交通量并导致经济活动的空间重组,进一步产生交通网络经济,导致劳动力市场和企业的集聚。

随着改革开放的全面深化,作为前沿阵地的地区经济活力进一步增强,经济发展保持迅猛态势,而长三角等地区率先完成经济转型升级,进入新一轮高速发展期,经济增速平稳,部分中西部城市受"一带一路"倡议带动,保持快速发展的势头,而一些资源依靠型城市发展趋缓,迫切需要加快产业结构调整。综合考虑,取地区生产总值百强城市地区生产总值增长率85分位值作为干线公路快速化建设临界值,即快速化地区的生产总值同比增长7%及7%以上时可开展干线公路快速化建设论证。

3.2.2 城镇建设用地年均增长率

对全球 120 个城市的研究表明,在过去的 20 年里,城市人口年均增长为 1.7%,而城市用地面积增长约为 3.3%。发展中国家的城市人口到 2025 年有望达到 40 亿人,相对应城市建设用地在欠发达国家也将以 3.5% 的速度增长。

从中长期看,城市化将成为我国经济成长的主要推动力,是扩大内需的主要手段,是城市建设用地拓展的推动力之一。一方面,经济发展使生产活动聚集度提高,带来城市数量的增加,其结果必然是城市建设用地的整体增加;另一方面,强大的集聚效应、健全的社会设施和丰富的发展机遇,使大城市逐步成为城市化的主角,而大城市对人口的吸引力带来人口的迅速膨胀,使土地需求快速增长,城市规模急剧扩张,城市化进入郊区化进程阶段,城市形态急剧演化,城市用地向外不断蔓延,这也是我国经济和城市化进程加速发展对城市建设用地的一种推动作用的结果。

尚处于工业化初期阶段的城市,一般城市化水平比较低,大多未达到 30%,其第二产业的发展任务是数量扩张,城市中工业用地将随城市化水平的提高而增加。处于工业化加速发展时期的城市,工业化水平一般在 30%～50% 之间,城市化水平在 30%～60% 之间。处于该时期的城市,产业结构较工业化加速发展时期的城市更优化,工业结构逐渐升级,多数城市正在进行"退二进三"工程,把已经成熟的或者有污染的产业从城市中心区迁移出去,为新生产业和经济效益高的产业腾出发展空间。这些都是城市化带来的产业结构调整,是进而产生的城市空间结构演化的客观表现。

在我国的大城市和特大城市中,随着土地价格的上涨,按照一般的规律,城市经济会从扩张阶段走向收缩阶段,城市土地进入调整阶段。而正处于由工业化向信息化转变时期的城市,如上海、北京等特大城市,正在经历的是"逆城市化"和"再城市化"过程,居住和服务用地从中心区迁至城市边缘区,甚至纷纷在城市周边发展卫星城。新开发的土地会产生集聚效应,以及被城市中心优势产业所"排挤"出来的其他产业,会带来城市用地规模的全面增长,以及用地结构的外向型拓展。

城市化水平处于较高阶段时期,依然能够保持高速增长,人口和经济的快速增长必然要求更多的土地空间给予支撑,快速化地区城市用地的拓展应该较快。因此,当城市发展水平达到如下条件时,可考虑进行干线公路快速化建设:快速化地区的城市化水平年均增长率处于 1%～3%,城镇建设用地年平均增长率在 2%～5% 之间。

3.3 道路服务水平

3.3.1 城市道路服务水平的评价指标

服务水平是供车辆驾驶者对道路上的车流情况做出判断的一个定性的尺度,它所描述的范围包括从驾驶者可自由操纵车辆并获得所需车速的最高服务水平,直至道路上出现车辆拥塞现象,驾驶者不得不停停开开的最低服务水平。道路上交通量的变化会影响车辆行驶的速度以及舒适、方便、经济和安全的程度。因此,评定服务水平高低应包括下列各项因素:

(1)行车速度和运行时间;

(2)车辆行驶时的自由程度(畅通性);

(3)行车受阻或受干扰的程度,以及行车延误等;

(4)行车的安全性(事故率和经济损失等);

(5)行车的舒适程度和乘客满意的程度;

(6)经济性(行驶费用)。

3.3.2 美国服务水平分级

服务水平亦称服务等级,是用来衡量道路为驾驶员、乘客所提供的服务质量的等级,可以从自由运行、高速、舒适、方便、安全满意的最高水平到拥挤、受阻、停停开开、难以忍受的最低水平。美国HCM将城市干道服务水平分为A~F六级,各级服务水平的一般描述如下:

服务水平A级:在干道上行驶的车辆通常都以该干道自由流速度的90%行驶。当车辆以平均行程速度自由行驶时完全不受阻碍。信号交叉口出现的停车延误为最小。

服务水平B级:车辆在干道上行驶基本不受阻碍,其平均行车速度约为该干道自由流速度的70%。有少量的停车延误,但不令人厌烦。

服务水平C级:车辆平均行程速度为干道上自由流速度的50%,稳定车流,有一定的延误,但驾驶员可以接受。

服务水平D级:车辆平均行程速度为干道上自由流速度的40%~50%,接近不稳定车流,有较大延误,但驾驶员还能忍受。

服务水平E级:车辆平均行程速度为干道上自由流速度的1/3,不稳定车流,交通拥挤,烟雾很大,驾驶员无法忍受。

服务水平F级:车辆平均行程速度低于干道上自由流速度的1/3,强制车流,交通严重阻塞,车辆时停时开。

道路的通行能力和服务水平从不同角度反映了道路的性质和功能:通行能力主要反映道路服务数量的多少或能力的大小,服务水平主要反映道路服务质量或服务满意程度。城市道路的通行能力和服务水平是分不开的。

3.3.3 国内服务水平分级

《城市道路工程设计规范(2016年版)》(CJJ 37—2012)中规定的快速路基本路段服务水平分级见表3-3。

快速路基本路段服务水平分级　　　　　　　　表3-3

设计速度(km/h)	服务水平等级		密度[pcu/(km·ln)]	平均速度(km/h)	饱和度 v/C	最大服务交通量[pcu/(km·ln)]
100	一级(自由流)		≤10	≥88	0.40	880
	二级(稳定流上段)		≤20	≥76	0.69	1520
	三级(稳定流)		≤32	≥62	0.91	2000
	四级	(饱和流)	≤42	≥53	≈1.00	2200
		(强制流)	>42	<53	>1.00	—
80	一级(自由流)		≤10	≥72	0.34	720
	二级(稳定流上段)		≤20	≥64	0.61	1280
	三级(稳定流)		≤32	≥55	0.83	1750
	四级	(饱和流)	≤50	≥40	≈1.00	2100
		(强制流)	>50	<40	>1.00	—
60	一级(自由流)		≤10	≥55	0.30	590
	二级(稳定流上段)		≤20	≥50	0.55	990
	三级(稳定流)		≤32	≥44	0.77	1400
	四级	(饱和流)	≤57	≥30	≈1.00	1800
		(强制流)	>57	<30	>1.00	—

信号交叉口服务水平分级应符合表3-4的规定。

信号交叉口服务水平分级　　　　　　　　表3-4

服务水平	一级	二级	三级	四级
控制延误(s/veh)	<30	30~50	50~60	>60
负荷度	<0.6	0.6~0.8	0.8~0.9	>0.9
排队长度(m)	<30	30~80	80~100	>100

《公路路线设计规范》(JTG D20—2017)中规定公路服务水平分为六级,其中高速公路、一级公路的服务水平分级分别见表3-5、表3-6。

高速公路服务水平分级　　　　　　　　表3-5

服务水平等级	饱和度 v/C	设计速度(km/h)		
		120	100	80
		最大服务交通量[pcu/(h·ln)]	最大服务交通量[pcu/(h·ln)]	最大服务交通量[pcu/(h·ln)]
一	v/C≤0.35	750	730	700
二	0.35<v/C≤0.55	1200	1150	1100
三	0.55<v/C≤0.75	1650	1600	1500
四	0.75<v/C≤0.90	1980	1850	1800
五	0.90<v/C≤1.00	2200	2100	2000
六	v/C>1.00	0~2200	0~2100	0~2000

一级公路服务水平分级 表3-6

服务水平等级	饱和度 v/C	设计速度(km/h)		
		100	80	60
		最大服务交通量 [pcu/(h·ln)]	最大服务交通量 [pcu/(h·ln)]	最大服务交通量 [pcu/(h·ln)]
一	$v/C \leq 0.3$	600	550	480
二	$0.3 < v/C \leq 0.5$	1000	900	800
三	$0.5 < v/C \leq 0.7$	1400	1250	1100
四	$0.7 < v/C \leq 0.9$	1800	1600	1450
五	$0.9 < v/C \leq 1.0$	2000	1800	1600
六	$v/C > 1.0$	0~2000	0~1800	0~1600

高速公路、一级公路应按三级服务水平设计,二、三级公路按四级服务水平设计,四级公路视需要而定。

3.3.4 交通特征

干线公路城镇段不仅实现了城镇交通的内对内连接以及内对外连接,同时还是城镇经济、交通、旅游等发展的关键依靠。没有公路的连接,城镇很难提升实力。同时,从交通状况来看,干线公路城镇段比一般路段问题更多,要想把握干线公路快速化建设中城镇段规划设计的关键点,必须认真研究分析其交通特点。研究干线公路城镇段的相关特点是研究干线公路改造城镇段路线方案以及相关技术指标的前提。一般道路交通是人、车、路和环境四大因素综合作用的结果,经过调查与资料分析,干线公路城镇段具有如下交通特征:

(1)交通组成混杂

在干线公路城镇段,极为普遍的就是路面上行人、非机动车以及机动车同时混行在路面上,由于行驶速度不同,它们相互影响,较慢的行人与非机动车严重影响机动车的正常行驶,而机动车为较快离开城镇段相互抢道,互不礼让,往往发生碰撞,甚至发生较大交通安全事故。

(2)横向干扰大

干线公路城镇段路面两侧皆为集镇,行人来往于两侧,频繁穿过公路。很多城镇路段未设分隔带,行人更是选择随处就近穿越,甚至不顾来往行驶车辆。另一方面,城镇居民驾驶非机动车不守交通规则,不按右侧行驶,与机动车抢道等。同时,城镇段交叉口密集,从次要道路进入干线公路的车辆繁多且有不变道行驶的行为。以上种种城镇段的交通现象,严重干扰了主线车辆的行驶,甚至引起交通堵塞。

(3) 交通安全隐患大

由于多种原因,目前干线公路经过的很多城镇里,居民的交通安全意识较差,交通理论水平不高,导致不遵守交通规则的行为频繁出现,如行人随意横穿等,带来混乱的道路交通和更多的交通事故。同时,规范规定干线公路的建筑控制区域不得有任何障碍物侵入。在干线公路的一般路段,这一点都能满足,但在城镇段,由于路两侧连续建筑物的修建以及各种经济活动,很多情况下,其建筑控制区域都被侵入,缩减了驾驶员的视野,再加上城镇段路口繁多,导致出现交通事故的可能性较大。

(4) 过境交通比重大

城镇的过境交通是有一定规律的,根据对调查资料的研究,过境交通所占比例大多具有随城市人口增加而减小的特点,同时入城交通所占比例大多随城市人口规模的增长而增加。日本学者松下胜二在《城市道路规划与设计》一书中记述:在不同等级的城镇中,过境交通所占比例中,2万人以下的城镇过境交通占城镇交通量的60%以上,2万~10万人的城镇过境交通占城镇交通量的14%~47%。

3.3.5 临界值的选取

随着城乡一体化干线公路建设的推进,尤其是城乡经济一体化的进程加快,城市与乡镇之间的联系越来越紧密,两者之间的交通需求也日益增长,城乡出行大幅增长,沿线的工厂、小区等要求增加开口数量。频繁的横向交通干扰,导致行人、非机动车与机动车的出行冲突增多,大大降低了道路的服务水平。

干线公路一般按三级服务水平进行设计,同时,干线公路快速化后车辆运行速度低于设计速度。因此,当服务水平相关各项指标超出稳定流状态时,应当进行快速化建设。具体指标见表3-7,表中服务水平相关指标有一项达到临界条件,即可进行快速化建设。

服务水平相关临界值　　　　表3-7

基本路段			信号交叉口		
密度[pcu/(km·ln)]	平均速度(km/h)	饱和度 v/C	控制延误(s/veh)	负荷度	排队长度(m)
>32	<44	>0.7	>50	>0.8	>80

3.4 道路安全水平

3.4.1 干线公路事故的特性及分布规律

近年来,干线公路迅速发展,以其顺畅的线形、较快的车速、通行能力大等优点,为车辆提供了良好的行车条件,大大改善了交通运输状况,为社会经济发展做出了重要贡献。然而,由此引发的交通事故也日益增加,给人民群众的生命财产安全造成了严重损害,引起了社会的广泛关注。一般认为,机动车驾驶员的失误是引起交通事故的主要原因,但通过对干线公路所发生交通事故的统计分析可以发现,不良的行驶条件是导致驾驶员出事故的重要原因。通过对统计资料的分析,70%的交通事故发生的直接或间接原因是不良的道路条件。

研究普通国省道干线公路所发生交通事故的分布规律,通过反映出的统计规律,找出影响交通安全的共性因素,挖掘事故背后的致因,寻找有效的安全改善对策,从而提高安全水平。

(1) 时间分布

交通事故主要发生于下午到上半夜这段时间,受天气影响,8月、11月和12月发生的事故最多。

(2) 形态分布

最常见的事故形态是正面碰撞、侧面碰撞、同向剐擦和尾随碰撞。

(3) 不同道路条件下的分布

混合式道路横断面发生交通事故的比例最大,占事故总数的58%。

(4) 按道路线形分布

坡道上驾驶员容易对速度产生错觉,往往因制动不足而引发交通事故。

3.4.2 建议指标

在公路安全评价方面,近几年国内外学者进行了大量的研究,在交通事故的发生机理、事故预测模型、速度预测模型、安全评价的标准与方法等方面取得了较多成果,并用于公路设计安全评价领域。但是目前我国公路安全评价的研究仍处于起步阶段,在交通安全分析、安全评价和安全改善等方面迫切需要进行深入的研究并且能够解决实际问题。

本书以《中国统计年鉴》中江苏省近10年交通事故数据为基础(图3-2、图3-3),提出了每年每百公里事故发生率与每年每百公里事故死亡率两大指标,进行统计分析研究,计算了两大指标的平均值及方差,取其第85分位数定义为道路安全水平的建议指标。当满足道路安全水平指标时,表征此公路段危险程度较高,可进行快速化建设。

对近10年数据进行统计分析,得到每年每百公里事故发生率[次/(100km·年)]以及每年每百公里事故死亡率[人/(100km·年)]道路安全评价指标建议值。具体指标见表3-8,表中道路安全水平相关指标有一项达到临界值,即可进行快速化建设。

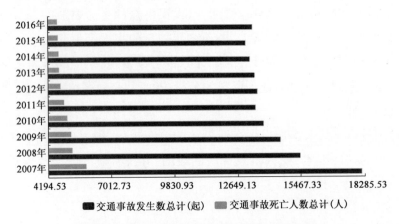

图 3-2　近 10 年江苏省交通事故发生总数及死亡人数

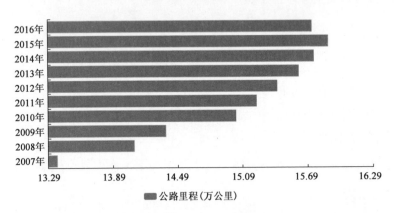

图 3-3　近 10 年江苏省公路里程

道路安全水平临界条件　　　　　　　　　　　表 3-8

每年每百公里事故发生率[次/(100km·年)]	>12.7
每年每百公里事故死亡率[人/(100km·年)]	>4.2

3.5　临界条件汇总

3.5.1　干线公路快速化功能定位

道路功能定位决定了道路断面形式和交通组织方式，同时对道路两侧用地性质及建筑布置提出了不同要求。道路功能定位确定后，道路改造的具体设计指标也就相对有了依据。因此，准确地定位道路功能是道路改造建设的首要任务。

干线公路快速化建设需将道路置于整个城市或区域路网中综合分析，分析快速化建设的不同段落的交通功能、空间功能、环境功能，从而得出不同段落的准确功能定位，为具体设计指标的选取提供依据。

从快速化与干线公路建设的关系进行研究，分析快速化的区域经济与普通国省道公路快速化改造的相关性。对普通国省道公路快速化改造项目的交通组成、交通特征开展分析，梳理过境与区域交通、快速与慢速交通的组成关系，研究改造后预期道路系统的公路交通特性及城市交通特性；根据道路服务对象、服务交通量及交通组成的改变，重新定位快速化地区干线公路的道路功能，并为后续技术指标的选用铺垫基础，其思路如图3-4所示。

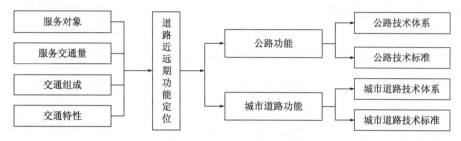

图3-4 干线公路快速化改造项目功能定位

通过对苏虞张快速通道、江北大道进行实地调查以及对苏虞张南段快速化建设工程施工图进行分析评价，可以得出目前干线公路快速化建设功能定位如下：

(1)干线公路快速化建设项目的交通组成主要为：①车型主要以小客车、中型货车、大型货车为主，其中客车占机动车比例总体逐年增高；②随着城市化进程的加快，出现了人力车、自行车等非机动车；③交通组成中过境交通较少，主要以城市内部交通和出入境交通为主。

(2)公路位于城市之间，为长距离客货运输服务，主要功能为快速过境，服务对象主要是机动车，兼有少量的非机动车和行人；城市道路的主要功能为便捷区域出行和生活休闲，除了服务机动车外，还为非机动车及行人服务。因此，干线公路快速化建设项目兼有两者的功能，即功能定位为快速过境干道、便捷区域道路及生活休闲道路。

(3)改造的基本原则主要是合理选择方案，减少对现有道路交通的影响，尽可能地节约土地资源，减少拆迁数量，利于项目的可持续发展，最大限度地利用现有工程，因地制宜，采用成熟、合理的工程技术，控制工程风险。

(4)干线公路快速化建设工程具有公路的干线功能，兼顾城市快速路的功能，既要满足主线的快速"通"过功能(缩短通行时间)，又要充分考虑辅路的"达"到功能(满足沿线群众的出行需求，促进地方经济的发展)，同时充分考虑公路、城市道路交通的快速转换以及工程近期实施计划和远期规划的衔接。

3.5.2 干线公路快速化建设临界条件

现代城市发展的空间结构演变与城市发展阶段有密切的关系，随着城市的发展，城市空间结构呈现不同的形态，也对城市交通网络有不同的要求。本书首先对城市空间结构发展阶段特征按早期、扩张期、中期和成熟期进行分析，以伦敦、上海作为实证研究。

筛选上海外环线以内中心城地区的 11 个就业中心作为研究样本,采用相关性分析与回归分析,对城市空间与交通效率关系进行研究,检验多中心结构对于通勤效率的影响。

城市化进程中,城市空间结构向多元化发展,而次中心的交通由于处于建设初期,通行效率较高,为缓解整体城市交通压力,应建设主、次中心间的快速通道,保证次中心的可达性和交通通畅性,沟通各中心间交通,同时缓解城市主中心的交通集聚效应。

干线公路快速化建设项目临界指标的核心在于建立适宜的评价指标,本书拟提出参考指标与控制指标两大类指标。参考指标主要包含快速化地区的生产总值增长率、城市化水平、城市化水平年均增长率、城镇建设用地年均增长率等反映经济发展的社会指标;控制指标主要包含交通量、交通量年均增长率和交通构成、服务水平、事故率、交叉口间距等直接反映交通运行的指标。

对参考指标进行定性与定量相结合的评价分析;对控制指标拟进行归一化处理,利用层次分析法,建立不同指标的模糊度隶属函数,构建综合评价体系。结合调研获取的干线公路快速化改造信息,对参考指标和控制指标的敏感性进行分析,形成干线公路快速化建设的建议判定条件。

综合考虑城市空间结构发展对城市多中心间长距离快速交通的需求、城市发展水平(包括地区生产总值增长率、城镇建设用地年均增长率),确定了干线公路快速化建设的临界条件参考值。从道路服务水平和道路安全水平入手,以道路服务水平满足驾驶员需求和道路安全水平满足安全要求为原则,确定了进行干线公路快速化建设的临界条件的建议值。临界条件汇总见表 3-9。

干线公路快速化建设临界条件汇总 表 3-9

建议指标	道路服务水平	基本路段	密度[pcu/(km·ln)]	>32
			平均速度(km/h)	<44
			饱和度 v/C	>0.7
		信号交叉口	控制延误(s/veh)	>50
			负荷度	>0.8
			排队长度(m)	>80
	道路安全水平		每年每百公里事故发生率[次/(100km·年)]	>12.7
			每年每百公里事故死亡率[人/(100km·年)]	>4.2
参考指标	城市空间结构		就业中心通勤者平均单程通勤时耗(min)	>31.42
			就业中心与主中心的最短道路里程(km)	>7.15
			就业中心街道的就业岗位密度(人/hm²)的自然对数	>4.07
	城市发展水平		城市化水平年均增长率(%)	1~3
			城镇建设用地年均增长率(%)	2~5
			地区生产总值增长率(%)	>7

3.5.3　国省干线公路快速化建设项目规划布局

分析总结规划层面应研究的重点,明确规划原则和方法,分析项目路近远期规划的功能定位(包括公路、城市道路两个方面)。在总体规划上提出规划方法及关键指标的选取,在道路具体规划上研究道路接入位置及辅路设置等问题。研究提出干线公路快速化改造的系统决策方法。初步考虑,有逐条筛选法和区域选择法。逐条筛选法,是对相关干线公路进行逐条分析,筛选出需要改造的项目。区域选择法,是明确需要对干线公路进行快速化改造的区域,在此区域内的所有干线公路均进行快速化改造。在此基础上,提出断面控制、速度控制、节点控制的原则。

第4章 设 计 速 度

4.1 设计速度选择的背景

(1)快速化地区干线公路设计速度的特殊性

快速化地区干线公路在功能、等级、服务对象等方面,区别于一般公路,也区别于城市道路,具有其自身的特殊性。干线公路设计速度的选取主要考虑为中长距离快速通过性交通服务,服务对象主要针对过境交通,以机动车为主。而城市道路特别是快速化地区的道路,以城市服务为主,两侧人非系统较多,对设计速度有较大影响。因此,快速化地区的干线公路不仅要考虑为中长距离通过性交通服务,同时也要为快速化地区的出行提供服务,正是这种特殊性决定了快速化地区的干线公路设计速度的选择不能单纯参考公路和城市道路设计规范,需要根据实际情况综合选取确定。

(2)公路与城市道路设计规范对设计速度规定的区别

既有公路和城市道路设计规范都对各自的设计速度进行了规定。其中,《公路路线设计规范》(JTG D20—2017)规定各级公路设计速度应根据公路的功能、等级、交通量,并结合沿线地形、地质等状况,经论证确定。并规定,一级公路作为干线公路,且纵、横向干扰小时,设计速度宜采用100km/h或80km/h。一级公路作为集散公路时,根据混合交通量、平面交叉间距等因素,设计速度宜采用80km/h或60km/h。二级公路作为干线公路时,设计速度宜采用80km/h;二级公路作为集散公路时,混合交通量较大、平面交叉间距较小的路段,设计速度宜采用60km/h。

《城市道路路线设计规范》(CJJ 193—2012)规定快速路的设计速度采用100km/h、80km/h或60km/h,主干路设计速度采用60km/h、50km/h或40km/h,次干路设计速度采用50km/h、40km/h或30km/h,支路采用40km/h、30km/h或20km/h。具体区别见表4-1。

公路和城市道路设计规范对设计速度规定的区别　　　　表4-1

项目	《公路路线设计规范》(JTG D20—2017)				《城市道路路线设计规范》(CJJ 193—2012)			
道路级别	一级公路（干线）	一级公路（集散）	二级公路（干线）	二级公路（集散）	快速路	主干路	次干路	支路
设计速度(km/h)	100、80	80、60	80	60	100、80、60	60、50、40	50、40、30	40、30、20

4.2 设计速度选择的影响因素

(1) 道路功能要求对设计速度的影响

快速化地区的干线公路是一条快速过境干道,要求干线公路具有流畅的道路线形,应采用较高的技术标准,因此干线公路的主线具有较高的设计速度;快速化地区的干线公路还是一条便捷区域道路,工厂、企业、居民小区不断增多,区域组团的机动车、非机动车、行人必然要求干线公路具有很好的便捷性并增加出入口,因此干线公路的辅路可以采用较低的设计速度。综上,快速化地区干线公路设计速度的采用,应全面考虑道路功能要求。

(2) 交通组成和交通量对设计速度的影响

随着经济的发展,城镇规模在不断扩大,原先一些靠近城市的干线公路被日益膨胀的城市包围,这就导致了过境交通流从城市内部穿过的问题。以312国道为例,由于近几年来城市规模的不断发展,贯穿苏、锡、常地区的312国道市区段既有过境交通流,又有城市区内出行的交通流,交通量的大量增加使得两种交通流互相影响,造成拥挤、塞车,出行时间大大增加。

饱和的交通量和多样化的交通组成使得车辆以较低的车速运行,因此可以采用较低的设计速度,适当降低其他技术指标,从而减少建筑物的拆建和降低工程造价,且更好地与当地的地形相融合。

(3) 主辅路速度差对设计速度的影响

快速化地区干线公路采用主辅路的道路断面形式,如果主线设计速度过高,辅路设计速度过低,将导致主辅路之间车辆速度差过大,主辅路之间交通转换所需匝道更长。而且速度差过大,给主线车辆和辅路非机动车、行人的安全埋下了很大的隐患。美国AASHTO出版的《公路与城市道路几何设计》(*A Policy on Geometric Design of Highways and Streets*,以下简称《绿皮书》)1994年版中对集散道路的设计速度给出建议,与主线行车道的速度相比,连续的集散道路系统最多将设计速度降低16km/h。因此,快速化地区干线公路设计速度的采用应考虑到主辅路之间的速度差,可适当降低。建议我国快速化地区辅路设计速度宜为主线设计速度的0.4~0.6倍。

4.3 设计速度的选取

干线公路的运行速度与很多因素有关,包括交通量大小、交通组成、道路断面形式等,因此对设计速度的确定要综合考虑道路改造前的设计速度以及改造后道路所承担的功能和等级,不仅应考虑公路和城市道路的功能及需求,同时要考虑道路所在地区以及服务功能,灵活选取。

(1) 快速化地区干线公路设计速度的选取原则

①兼顾干线公路和城市道路服务功能的要求；

②根据主辅路速度差的合理范围进行合理取值；

③尽量减少对改造前老路的影响；

④考虑与既有老路设计速度差值；

⑤控制设计速度与运行速度差值。

(2) 快速化地区干线公路设计速度的选用

干线公路主线设计速度应根据公路功能、等级、交通量，结合沿线地形、地质等状况，经论证后确定。辅路设计速度宜为主线设计速度的 0.4~0.6 倍。机非分行的辅路宜取高值，机非混行的辅路宜取低值。把快速化地区的干线公路界定为在行政规划上属于省道，在技术等级上一般采用一级公路，具有干线和集散双重功能的一种新型道路，综合比较公路和城市道路设计规范，提出国省干线公路快速化改造设计速度技术标准，见表 4-2。

国省干线公路快速化改造设计速度技术标准　　　　表 4-2

道路类型	主线	辅路
设计速度	80~100km/h	主线的 40%~60%

注：主线设计标准采用一级公路，受用地、地形等条件限制时，设计速度可采用 60km/h。

第5章 横断面设计

5.1 横断面设计考虑因素

针对快速化地区干线公路横断面存在的问题,在进行道路横断面设计时,需要综合考虑其影响因素。

(1) 道路功能定位

快速化地区干线公路,既是公路网的骨架,要求能快速联系各个城市并承担城市间的主要客货运输,作为机动车快速过境的通道;又是区域组团交通的重要集散地,要求能将集结其上的大量区域交通流顺利疏解到各自的目的地去。其道路性质决定了快速化地区干线公路横断面设计宜采用主辅路结合的形式。主线应保证车流的顺畅,使车辆能够快速通过。辅路的主要功能是为干线公路的区域交通流服务。另外,公路横断面设计应满足远期交通功能需求,分期修建时应近远期结合,使近期工程成为远期工程的组成部分,便于远期实施,减少废弃工程。

(2) 交通需求

快速化地区干线公路具有过境交通和区域组团交通。过境的机动车,组团的机动车、非机动车、行人等多种交通对象对该地区的道路功能提出了更高的要求。过境交通和组团交通在车速、交通对象方面都差距很大,将两者进行空间分离是解决该地区交通需求的关键所在。

(3) 交通组成

交通组成即各种车型比例,是横断面设计中机动车车道宽度的重要影响因素。当客货车较多时,车道宽度应采用道路规范规定的最大值。

(4) 红线宽度

根据道路红线宽度可以确定干线公路主线和辅路的车道数,同时在一定程度上,道路红线宽度还决定着人行道、非机动车道和各种隔离设施的宽度。公路横断面应按公路等级、服务功能、交通特性,结合各种几何控制条件,在规划红线宽度范围内合理布设,体现集约化原则,节约用地,达到交通、安全、环境的协调统一。

(5) 沿线土地开发状况

不同的道路断面适应不同的区域经济,道路造价也会不同。如沿线土地开发强度较大,其产生的区域交通也会较多,从而影响道路断面的布置形式。

(6)景观要求

快速化地区干线公路最终将转化为城市内的道路,因此在建设初期需要进行合理规划,注重干线公路的景观效果。在选择横断面设计形式时,也应对景观方面进行对比分析。

(7)安全要求

快速化地区干线公路的过境交通和组团交通的分合流,将导致该地区车流复杂性的加剧,事故发生率也会大大提高,同时为了给当地的快速化提供更好的服务和环境,干线公路横断面的布置对安全的考虑更不容忽视。

(8)干线公路设计新理念

设计的灵活性建立在充分掌握和理解现有标准、规范本质的基础之上,在不降低安全性的前提下,应合理选择标准,灵活运用设计指标。

针对干线公路个性,包括项目所在地区的地理位置、地形地貌、地质条件、气候气象、社会环境、文化传统、风俗习惯、审美特点以及公路使用者的需求、面临的挑战与机遇等,在运输功能和安全与周围自然和社会环境之间寻求协调和平衡。快速化地区干线公路的特点决定了它的设计更应该注重灵活性,考虑周边的社会经济发展,结合交通量预测、城市规划等进行。

5.2 横断面设计原则

干线公路快速化建设前主要具有以下两个特征:过境与区域交通结合,快速与慢速交通混行。

(1)过境与区域交通结合:干线公路多为连接城市或乡镇的走廊,必然成为地区经济的大动脉,城市和乡镇间距离较长的过境交通是初期干线公路的主要交通。随着干线公路两侧的快速发展,区域的机动车、非机动车和行人越来越多,区域交通也叠加在干线公路上。此时,干线公路同时具有过境交通与区域交通。

(2)快速与慢速交通混行:干线公路的过境交通担负起了城市间客货运的重担,行驶距离较长,行驶速度要求高。干线公路两侧的经济发展导致大量区域交通叠加到干线公路上,区域交通行驶距离短、出入频繁、车速较低,从而形成了干线公路快速与慢速交通混行的局面。

根据其交通特点,干线公路快速化建设横断面设计应遵从以下原则:

(1)局部服从整体的原则:横断面的设计应首先保证过境交通流的顺畅快速运行,满足公路网对其的功能要求。

(2)专项符合总体的原则:横断面的设计应符合中小城镇的规划,以满足中小城镇经济发展的要求。

(3)近期与远期结合的原则:横断面的布置既要适应现有交通量及交通组成的要求,也要适应一定时期内随着经济发展而导致的变化。

(4)全面兼顾的原则:横断面的设计既要符合公路的设计标准,又要兼顾城市道路的设计标准,并做好两者的衔接,使其在满足公路功能的基础上,达到城市道路的效果。

(5)安全至上的原则:城镇段混合交通现象严重,横向干扰频繁,导致交通事故极易发生,所以横断面的布置要尽量避免交通事故的发生。

5.3 横断面设计方案

5.3.1 干线公路与城市道路横断面

(1)干线公路横断面

根据《公路工程技术标准》(JTG B01—2014)和《公路路线设计规范》(JTG D20—2017),公路路基的标准横断面一般由车道、中间带(中央分隔带、两条左侧路缘带)、路肩(硬路肩、土路肩)等部分组成。

常用双向四车道一级公路标准横断面可采用图5-1所示断面形式。

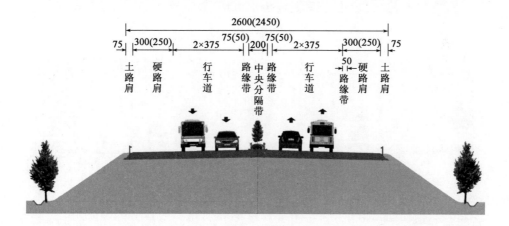

图5-1 双向四车道一级公路标准横断面形式(尺寸单位:cm)

(2)城市道路横断面

根据《城市道路工程设计规范(2016年版)》(CJJ 37—2012),城市道路横断面一般包括机动车道、非机动车道、人行道、分车带、设施带、绿化带等。城市道路横断面一般根据其分隔带的不同而分为4种形式:单幅路、两幅路、三幅路和四幅路,分别如图5-2~图5-5所示。

图 5-2 城市道路单幅路标准横断面

图 5-3 城市道路两幅路标准横断面

图 5-4 城市道路三幅路标准横断面

图 5-5 城市道路四幅路标准横断面

一般路段,横断面只要按照《公路工程技术标准》(JTG B01—2014)和《公路路线设计规范》(JTG D20—2017)进行布置和设计即可,变化并不大,都和标准横断面类似。

干线公路快速化横断面改造主要结合其功能要求、交通流状况、交通量大小等分离过境交通流与区域组团交通流,按主辅断面进行快速化建设。

5.3.2 干线公路快速化建设横断面形式

快速化建设干线公路除具有一般干线公路的快速过境功能之外,还需要承担城市发展组团之间的联系作用。为了将快速过境交通流和区域组团交通流分离,道路断面采用整体式和分离式两种形式,分离式又包括高架式和隧道式,具体如下:

(1)整体式——主辅路横断面设计

主线与辅路及两侧建筑地坪基本位于同一平面层次。过境交通在主线行驶,区域组团交通在辅路行驶,主线与辅路的进出通过主辅路之间侧分带的出入口实现。

根据主线与辅路位置关系不同,快速路的构造形式可分为地面式(图5-6)、路堤式和路堑式。

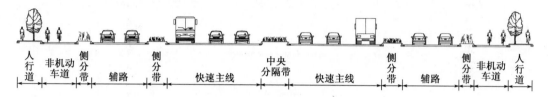

图5-6 整体式——主辅路横断面设计形式(地面式)

适用范围:地面快速路适用于规划红线较宽、横向交叉道路间距较大的地区,适用于新建城区用地比较富余或城市改造拆迁较少的路段。不宜设置在城市中心区域,否则会影响城市人气聚积,造成地块分隔现象严重。

(2)分离式——高架与地面结合横断面设计

在地面以上修建高架桥,桥上空间作为主线,高架桥下面或两侧修建辅路,上下通过匝道桥连接。根据高架断面的不同,可以分为整体式高架(图5-7)和分离式高架(图5-8)。

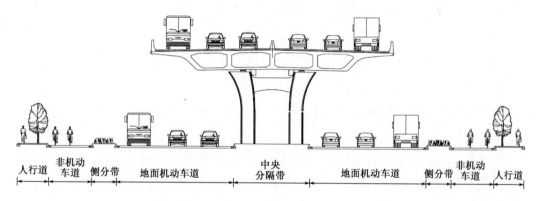

图5-7 高架与地面结合横断面设计形式一(整体式高架)

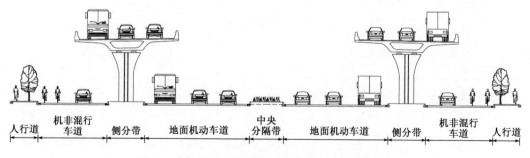

图5-8 高架与地面结合横断面设计形式二(分离式高架)

适用范围:往往修建在道路经过区域红线较窄、拆迁困难、横向沟通较密集地区,或在跨越河道、铁路时采用。

(3)分离式——隧道与地面结合横断面设计

快速路系统设置在地面以下,辅路系统位于地面,如图5-9所示。

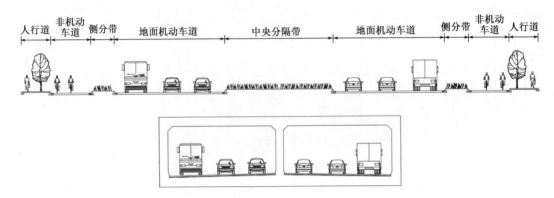

图5-9 隧道与地面结合横断面设计形式

适用范围:大城市主城区内,车流量很大而道路红线较窄、拆迁困难地区,或对景观、环境要求较高的段落可考虑此形式。

5.3.3 干线公路快速化建设横断面设计

干线公路快速化建设横断面设计应符合以下要求。

(1)机动车车道宽度依据设计速度确定:

设计速度≤60km/h时,车道宽度可取3.5m;

设计速度>60km/h时,车道宽度可取3.75m。

双向八车道及以上断面,内侧车道(内侧第1、2车道)仅限小客车通行时,车道宽度可取3.5m。

双向六车道断面,内侧车道仅限小客车通行时,车道宽度可取3.5m。

以通行中、小型客运车辆为主且设计速度为80km/h及以上的公路,经论证内侧车道宽度可采用3.5m。

(2)非机动车道宽度设置见表5-1。

一条非机动车道宽度 表5-1

车辆种类	自行车	三轮车	助动车
非机动车道宽度(m)	1.0	2.0	1.5~2.0

(3)与机动车道合并设置的非机动车道,车道数单向不应少于2条,宽度不应小于2.5m。

(4)非机动车专用道路面宽度应包括车道宽度及两侧路缘带宽度,单向不宜小于3.5m,双向不宜小于4.5m。

（5）人行道设置宽度一般值为3.0m，最小值为2.0m。

（6）从目前单向两车道高架快速路交通运行情况看，车辆故障时易造成交通堵塞，交通可靠度较低。设置硬路肩的作用主要是在交通拥堵时可供交管、消防、救护等特殊车辆通行，保障事故状态时的行车安全畅通。

对于地面式断面，当单向机动车道数不少于3条时，如果车辆临时故障，可以就近进入辅路，因此，经论证，可以不设置硬路肩。

对于高架式断面，当大型车和汽车列车比例较低且上下匝道间距较短时，如果车辆临时故障，可以就近下匝道进入辅路。国内有学者对出入口间距进行深入研究，对混合车流量在设计速度为100km/h的三车道进行仿真模拟，论证得出入口最小间距在1.9km时不设置硬路肩对自由流时的车辆换道、跟驰以及驾驶员的行为等影响较小。

对于隧道式断面，参照《公路隧道设计规范 第一册 土建工程》（JTG 3370.1—2018）对隧道分类，长度大于1km为长隧道，其运营安全要求较中短隧道进一步提升。在《公路隧道设计规范 第一册 土建工程》（JTG 3370.1—2018）中，给出了公路隧道建筑限界基本宽度，它由车道宽度、侧向宽度、余宽以及人行道宽度等组成，并没有考虑硬路肩设置。为了保证长隧道的安全性，长、特长隧道应在行车方向的右侧设置紧急停车带。但因隧道开挖成本高，在国内紧急停车带基本不全隧设置。《公路隧道设计规范 第一册 土建工程》（JTG 3370.1—2018）规定，特长、长隧道内不设置硬路肩或设置硬路肩宽度小于2.5m时，单洞两车道隧道应设置紧急停车带，单洞三车道隧道宜设置紧急停车带，单洞四车道隧道可不设紧急停车带。

快速化公路应设置硬路肩，其最小宽度一般值设置为3.0m，最小值为2.0m。满足以下条件者，经论证，可不设置硬路肩：

①地面式断面，主线单向机动车道数不少于3条。

②高架式断面，主线单向机动车道数不少于3条，且出入口间距小于2.0km。

③隧道式断面，主线单向机动车道数不少于3条，且隧道长度小于1.0km。

（7）快速化公路应设置中央隔离设施。

第6章 线形设计

6.1 线形设计的影响因素

线形设计指标选用的影响因素,需要考虑以下四点:

(1)道路功能定位

道路功能定位决定了道路断面形式和交通组织方式,同时也会对道路两侧用地性质及建筑布置提出不同要求。道路功能定位确定后,道路改造具体的设计指标也就相对有了依据。因此,准确地定位道路功能是道路改造建设的首要任务。

干线公路快速化建设需将道路置于整个城市或区域路网中综合分析,分析快速化建设的不同段落的交通功能、空间功能、环境功能,从而得出不同段落的准确功能定位,为具体设计指标的选取提供依据。

在干线公路快速化建设过程中,道路设计指标决定了道路的线形、断面等。在城乡接合部,设计指标在道路等级变化区域应考虑与前后衔接道路的指标过渡,在连接线处应考虑具体的指标过渡方案。

(2)老路利用情况

干线公路快速化建设是在干线公路老路的基础上进行改造,改造过程中老路已有线形利用必然对改造设计指标的选用产生重大影响。在满足安全运营的前提下,为合理控制投资,快速化建设需对老路平纵指标、最小纵坡、最小圆曲线半径、超高等指标,以及是全部利用老路还是部分利用再优化等进行全面考虑。在设计速度确定的前提下,综合考虑工程造价、行车安全、平纵组合等方面合理确定设计指标,使老路利用更加合理,改造后构成流畅的平面线形。针对老路制订切实可行的设计方案,综合考虑各项技术指标,把线形组合、纵断面、横断面及视距等各项技术指标相结合来进行道路改造设计。

(3)行车安全性

安全是道路改造设计要确保的首要任务,在进行道路改造设计时,各项技术指标都要达到安全要求,尽量减少因客观因素而导致的安全隐患。

干线公路快速化建设由于将公路改为公路与快速路的中间产物,并且增加了行人和非机动车出行,原先设计中采用的公路设计指标,如平曲线半径、最大纵坡、合成坡度、超高加宽、出入口间距、加减速车道长度等,就变得不尽合理。所以,在进行道路改造设计时,需综合各种技术指标,力保道路设计的安全指标达到最优状态,确保道路使用者的安全,减少因道路改造设计不合理而导致的使用者损失。

(4)工程规模

干线公路快速化建设采用的设计指标将直接影响工程规模的大小。采用高设计指标,通行能力高,然而工程规模和工程投资必然也相对较大;采用相对低的设计指标,工程规模降低,通行能力和投资也相对较低,安全性也相对降低。干线公路快速化建设设计指标的选用应统筹工程建设规模,在保证道路改造交通功能及安全性的前提下,选用合理的指标,控制工程建设规模和投资。

6.2 平面设计

6.2.1 直线长度

公路设计体系规定:

(1)反向圆曲线间最小直线长度(以 m 计)以不小于设计速度(以 km/h 计)的 2 倍为宜;条件受限时可适当放宽,但不应小于 3s 的行程长度。

(2)同向圆曲线间最小直线长度(以 m 计)以不小于设计速度(以 km/h 计)的 6 倍为宜;条件受限时可适当放宽,但不应小于设计速度(以 km/h 计)的 3 倍。

(3)直线段最大长度不宜过长;条件受限采用长直线时,应通过增加路侧景观设计的丰富性等措施避免驾驶员在长直线段行驶时产生疲劳。

城市快速路设计体系规定见表6-1。

城市快速路直线长度规定　　　　表 6-1

设计速度(km/h)	100	80	60
最大直线长度(m)	2000	1600	1200
同向曲线间最小直线长度(m)	600	480	360
反向曲线间最小直线长度(m)	200	160	120

城市道路设计规范则规定,当设计速度大于或等于60km/h 时,同向圆曲线间最小直线长度(以 m 计)不宜小于设计速度(以 km/h 计)的 6 倍,反向圆曲线间最小直线长度(以 m 计)不宜小于设计速度(以 km/h 计)的 2 倍;当设计速度小于60km/h 时,则不受此限。

另外,对于最大直线长度,日本和德国一般规定直线的最大长度(以 m 计)不超过 $20v$(v 为设计速度,以 km/h 计,下同),俄罗斯规定为 8km,美国则规定为 3mile(约合 4.83km)。

对于曲线间最小直线长度,我国规范对于$6v$的规定借鉴于德国,J.R·汉密尔顿在对注意力集中点和视野距离、车速关系的研究中得出视野距离约等于21.5s的行程(约为$6v$行程)的结论,因此规定同向圆曲线间最小直线长度宜大于$6v$,德国规定反向圆曲线间最小直线长度不小于相邻回旋线参数之和的0.08倍;美国和日本均未对最小直线长度进行规定;法国规定同向圆曲线间最小直线长度为200m;西班牙规定同向圆曲线间最小直线长度为$2.78v$(10s),反向圆曲线间最小直线长度为$1.39v$(5s)。可见,与我国规范相比,国外对于最小直线长度的规定更加宽松,设计灵活性更大。

限制最大直线长度的目的是保障驾驶员在直线路段行驶的安全性。随着城市不断发展,干线公路两侧用地开发程度增大,配合道路两侧的绿化带,路侧景观变化丰富,视觉效果良好,即使是在长直线路段上行驶驾驶员也不会感到单调。并且,干线公路快速化建设横断面布置时一般采用较宽的中央分隔带分离对向车流,可以有效减少眩光和夜间灯光干扰对交通安全造成的影响。此外,与曲线相比,驾驶员一般更倾向于在直线上行车。因此,干线公路快速化建设时,若既有路段存在超过$20v$的长直线路段,或经过方案比选设置长直线路段可以更好地利用既有道路或大幅减少用地拆迁、降低工程造价时,可适当放宽对最大直线长度的限制,采用大于$20v$的直线长度。

规定同向圆曲线间最小直线长度是为了保证线形的视觉连续性与舒适性。若在互相通视的同向圆曲线间插入一段短直线,则形成"断背曲线",驾驶员在驾驶过程中易产生错觉,将线形看作两端转向相同的圆曲线间插入了一条反向曲线。

6.2.2 圆曲线半径

影响道路圆曲线最小半径的因素有运行车速v、横向力系数μ和超高横坡度i。

规范中对圆曲线半径进行计算,速度为设计速度,最大超高一般由速度和行车环境等条件确定,横向力系数的取值是根据环境、舒适度和工程师的设计理念决定的。对于最大超高,各国规定相差不大。一般使用的最大超高为8%~10%,车速较低时为4%~6%,最大超高一般在极限情况下使用。城市道路不受限的情况下最大超高可取4%~6%,受限时可不设超高。

各国圆曲线半径的不同主要在于横向力系数的选取。保守的做法是将横向力系数保持在"舒适"的水平上,而另一种观点则认为车速较低时,驾驶员反应快,容忍能力强,没有必要保持较大的横向力系数。针对我国国情,随着驾驶员素质的提高,车辆性能的提升,稍高的横向力系数是可以接受的,且较大的横向力系数有助于提醒驾驶员减速行驶。

在运行速度一定的情况下,根据不同的横向力系数和超高横坡度,圆曲线半径分为不设超高的圆曲线半径、设超高的圆曲线半径(一般值和极限值)和不设回旋线的圆曲线半径。为保证道路线形的连续性和车辆行驶的安全性,公路与城市道路规范对圆曲线的最小长度也有相关规定,见表6-2。

相关规范对圆曲线的规定 表6-2

规范体系	设计速度(km/h)		100	80	60
我国公路设计体系	圆曲线最小半径(m)	一般值	700	400	200
		极限值	400	250	125
	不设超高(回旋线)圆曲线最小半径(m)	路拱≤2%	4000	2500	1500
		路拱>2%	5250	3350	1900
	平曲线最小长度(m)	一般值	500	400	300
		极限值	170	140	100
我国城市道路设计体系	不设超高圆曲线最小半径(m)		1600	1000	600
	设超高圆曲线最小半径(m)	一般值	650	400	300
		极限值	400	250	150
	圆曲线最小长度(m)		85	70	50
	不设回旋线的圆曲线最小半径(m)		3000	2000	1000
AASHTO	不设回旋线的圆曲线最小半径(m)		592	379	213
日本《道路构造令》	不设回旋线的圆曲线最小半径(m)		3000	2000	1000
法国ICTAAL2000	不设回旋线的圆曲线最小半径(m)		1950	1350	—

从表6-2可以看出,公路设计体系和城市道路设计体系在圆曲线最小半径、不设超高(回旋线)圆曲线最小半径、不设回旋线的圆曲线最小半径等方面均存在差异,需要依据不同情况对干线公路快速化建设时圆曲线半径进行选用。

一般情况下,道路圆曲线半径应采用大于或等于不设超高最小半径值;当地形条件受限制时,可采用设超高最小半径的一般值;当地形条件特别困难时,可采用设超高最小半径的极限值。

干线公路快速化建设更多承担的还是公路的功能,但由于非机动车和行人的干扰增多,干线公路快速化建设仍需承担相应的城市道路快速化功能。城市道路相比公路,运行速度相对要低,交通参与要素更加多元化,且城市道路两侧横向沟通的需求更强烈,因此,对于干线公路快速化建设过程中圆曲线半径取值可分为以下两种情况:

(1)完全利用老路平面线形段。因老路设计是按照公路设计指标系统设计的,考虑干线公路快速化建设后的道路特性和工程规模,可完全利用老路的圆曲线线形。

(2)新建或老路线形调整优化段。干线公路快速化建设过程中,路线经常受控制因素影响,局部段落需调整或优化平面线形。例如当设计速度为60km/h时,可能出现圆曲线半径值小于城市道路规范中规定的150m极限最小半径,此时应对道路圆曲线半径进行局部优化,采用公路与城市道路设计规范中两者的高指标。

6.2.3 回旋线

(1) 干线公路回旋线设置考虑因素

回旋线最小长度的确定应从以下几方面考虑：

① 旅客舒适感

汽车在回旋线上行驶,其离心加速度随回旋线曲率的变化而变化,如果过快将会使乘客感受到横向的冲击。因此,要控制离心加速度,使其在一个乘客能接受的范围内。参照日本的经验,离心加速度变化率 α_s 取值一般宜控制在 $0.5 \sim 0.75 \mathrm{m/s^3}$ 之间。

由于 $L_s = \dfrac{v^3}{R\alpha_s}$,若以 $v(\mathrm{km/h})$ 表示设计速度,则最小回旋线长度按式(6-1)计算。

$$L_{s(\min)} = 0.0214 \dfrac{v^3}{R\alpha_s} \ (\mathrm{m}) \tag{6-1}$$

② 驾驶员操作及反应时间

回旋线不管其参数如何,都不可使车辆在回旋线上的行驶时间过短。一般认为汽车在回旋线上的行驶时间应至少有3s,则最小回旋线长度按式(6-2)计算。

$$L_{s(\min)} = \dfrac{v}{1.2} \ (\mathrm{m}) \tag{6-2}$$

式中: v——设计速度(km/h)。

③ 超高渐变率

由于在回旋线上设置有超高过渡段,如果过渡段过短,则会因路面急剧地由双坡变为单坡而形成一种扭曲的面,对行车、排水不利。因此《公路路线设计规范》(JTG D20—2017)和《城市道路路线设计规范》(CJJ 193—2012)均要求最小回旋线长度按式(6-3)计算。

$$L_{s(\min)} = \dfrac{B\Delta i}{P} \ (\mathrm{m}) \tag{6-3}$$

式中: B——超高旋转轴至行车道(设路缘带时为路缘带)外侧边缘的宽度(m);

Δi——超高横坡度与路拱坡度的代数差(%);

P——超高渐变率。

④ 视觉条件

根据德国的经验,从视觉连续性角度考虑,回旋线最小长度应满足式(6-4)的要求。

$$L_{s(\min)} = \dfrac{R_s}{9} \tag{6-4}$$

其中 $R_s = 0.75v$ (v 为设计速度,km/h)。

在干线公路快速化建设设计中,需根据实际情况,如设计速度、实际采用的圆曲线半径、预计采用的超高渐变率等,分别分析以上限制因素要求的回旋线的最小值,并把以上4项中的最大值作为其最小长度。干线公路快速化建设设计中,旅客舒适感方面要求的回旋线最小长度远小于超高渐变率所要求的最小长度,可以不予考虑。

(2)相关规范对回旋线的规定

公路设计体系和城市道路设计体系对回旋线的最小长度规定一致,见表6-3。

回旋线最小长度　　　　　　　　　　　　　　　　表6-3

设计速度(km/h)	100	80	60
回旋线的最小长度(m)	85	70	50

日本《道路构造令》认为设置回旋线的目的为:曲率渐变,超高渐变,加宽渐变。其中,前两个目的对回旋线长度起主要控制作用。离心加速度变化率一般取$0.5\sim0.75\text{m/s}^3$,行驶时间为3~5s。美国《绿皮书》认为回旋线长度考虑离心加速度变化率、直线与圆曲线间偏移值、行驶时间和超高段长度。其中,离心加速度变化率取1.2m/s^3,直线与圆曲线间偏移值取0.2m,行驶时间取2s。

中、日、美三国回旋线最小长度比较见表6-4。

回旋线最小长度比较　　　　　　　　　　　　　　表6-4

设计速度(km/h)		100	80	60
回旋线最小长度(m)	中国规范	85	70	50
	日本《道路构造令》	85	70	50
	AASHTO《绿皮书》	68	60	35

由此可见,日本《道路构造令》与我国规范对回旋线最小长度的规定相同,均大于美国的规定值。

(3)干线公路快速化建设回旋线取值

干线公路快速化建设设置回旋线,应使其能够起到缓和离心力突变,完成超高加宽渐变和便于驾驶员操作等作用,并使干线公路平曲线线形顺畅、美观。干线公路快速化建设设计回旋线取值,建议统一按照《公路路线设计规范》(JTG D20—2017)执行。

6.2.4　超高

(1)相关规范对超高的规定

当圆曲线半径小于不设超高的最小半径时,在圆曲线范围内应设超高,超高的横坡度应根据设计速度、圆曲线半径、路面类型、自然条件和车辆组成等情况确定,最大超高横坡度的规定见表6-5。

最大超高横坡度的规定　　　　　　　　　　　　　表6-5

	设计速度(km/h)		100、80、60	
公路设计体系	最大超高横坡度(%)	一般地区	8 或 10	
		积雪冰冻地区	6	
城市道路设计体系	设计速度(km/h)		100、80	60
	最大超高横坡度(%)		6	4

从表6-5可以看出,公路设计体系的最大超高横坡度较城市道路设计体系大。超高的设置是为了抵消车辆在曲线路段上行驶时所产生的离心力,使汽车能安全、稳定、经济、舒适地通过圆曲线。但过大的超高可能会导致车辆产生横向滑移。

(2)干线公路快速化建设设计最大超高横坡度取值

干线公路快速化建设设计中最大超高横坡度值的选用主要考虑以下三个方面的因素:

①干线公路交通组成

不同的车辆具有不同的行驶速度,干线公路承担车型主要以小客车为主,占35%左右,货车比例也较大,总计约50%,而其他车型的比例较小。另外,快速化建设后干线公路既有快速过境交通,组团内的机动车、非机动车和行人也必将叠加到干线公路上,干线公路交通对象呈现多样化。交通组成的多样化导致了汽车行驶速度的差异,速度的差异最终将影响道路超高横坡度的取值。

②主辅路出入口、交叉口的要求

在超高渐变率一定的条件下,道路超高横坡度越大,所需要的超高过渡段也越长。若主辅路出入口位于主线的曲线路段,会导致主辅路之间接入长度的增加,因此较小的超高横坡度在满足安全性要求的同时,使得主线和辅路的出入更加便捷。城市地区经济发展比较迅速,道路交通网的完善导致交叉口数量增多,由于交叉口、非机动车以及道路两侧建筑的影响,行驶速度相对较低,不宜设置过大的超高横坡度。

③路容美观方面的要求

综合各方面的情况,建议道路新建段最大超高横坡度如下:设计速度取100km/h、80km/h时为4.0%~6.0%,设计速度取60km/h时为4.0%;老路利用段现有超高经论证可保留。

6.2.5 加宽

(1)相关规范对加宽的规定

①公路设计体系对加宽的规定如下:当圆曲线半径小于或等于250m时,在圆曲线范围内应设加宽,加宽规定见表6-6。

公路规范对双车道路面加宽值的规定(m) 表6-6

加宽类别	设计车辆	圆曲线半径(m)		
		250~200	200~150	150~100
1	小客车	0.4	0.5	0.6
2	载重汽车	0.6	0.7	0.9
3	铰接列车	0.8	1.0	1.5

②城市道路设计体系对加宽的规定如下:当圆曲线半径小于或等于250m时,在圆曲线范围内应设加宽,每条车道的加宽值应符合表6-7的规定。

城市道路规范对加宽值的规定(m) 表6-7

规范/规程	汽车前悬加轴距(m)	车型	圆曲线半径 R(m)		
			200 < R ≤ 250	150 < R ≤ 200	100 < R ≤ 150
A	0.8+3.8	小客车	0.30	0.30	0.35
	1.5+6.5	大型车	0.40	0.45	0.60
	1.7+5.8+6.7	铰接车	0.45	0.60	0.75
B	3.7	小轿车	0.28	0.30	0.32
	4.7	小型客(货)车	0.30	0.32	0.36
	8.5	大型客(货)车	0.40	0.50	0.60
	7+7.5	铰接客车	0.46	0.60	0.80

注:A 为《城市道路路线设计规范》(CJJ 193—2012),B 为《城市快速路设计规程》(CJJ 129—2009)。

从表6-7可以看出,公路设计体系的加宽值较城市道路设计体系大。加宽的设置是为了保证汽车在曲线上行驶时不侵占相邻车道。每车道的加宽值是根据指定的车辆类型、汽车在圆曲线上行驶的相对位置关系以及不同车速下汽车摆动偏移所需加宽值计算得到的。公路服务的主要对象是城市间的交通,道路交通组成中大客货车占有一定比例,而城市交通主要对象是小客车,加宽值相对较小。

(2)干线公路快速化建设设计加宽取值

综合各方面的情况,干线公路快速化建设设计加宽值建议统一按照《公路路线设计规范》(JTG D20—2017)执行。在干线公路快速化建设之后,将公路纳入城市范围,必然使得城市道路的大车混入率增加。在一些特殊路段,如设置下坡段的曲线路段,大车的安全性需要特别考虑,在有条件的地方可以进行适当的超标设计,增大加宽值,给大车更大的调整空间,保证道路行驶安全畅通。

6.2.6 停车视距

(1)相关规范对停车视距的规定

①公路设计体系

干线公路每条车道的停车视距应不小于表6-8的规定。

干线公路每条车道的停车视距 表6-8

设计速度(km/h)	100	80	60
停车视距(m)	160	110	75

其中,高速公路、一级公路根据设计速度采用相应的停车视距;二级公路根据设计速度应满足相应的会车视距要求,其长度应不小于停车视距的2倍。受地形条件或其他特殊情况限制而采取分道行驶措施的路段,可采用停车视距。

大型车比例高的下坡路段,应采用下坡段货车停车视距对相关路段进行检验。下坡段货车停车视距应不小于表6-9的规定。

下坡段货车停车视距(m)　　　　　　　　　　　　　　表6-9

设计速度(km/h)		100	80	60
纵坡坡度(%)	0	180	125	85
	3	190	130	89
	4	195	132	91
	5	200	136	93
	6	—	139	95
	7	—	—	97

②城市道路设计体系

城市道路每条车道的停车视距应不小于表6-10的规定。

城市道路每条车道的停车视距　　　　　　　　　　　表6-10

设计速度(km/h)	100	80	60
停车视距(m)	160	110	70

当行车道上对向行驶的车辆有会车可能时,应采用会车视距,其值为停车视距的2倍;对货车比例较高的道路应验算货车的停车视距;对设置平、纵曲线可能影响行车视距路段,应进行视距验算。

③AASHTO(表6-11)

AASHTO对停车视距的规定　　　　　　　　　　　　表6-11

设计速度(km/h)	100	90	80	70	60
停车视距(m)	185	160	130	105	85

可以看到,AASHTO规定的停车视距较我国规范大,且设计速度梯度范围更加详细。

(2)干线公路快速化建设停车视距取值

综上,由于干线公路快速化建设是将干线公路改造为考虑人非通行并且具有车辆快速通行功能的道路,因此应依据公路规范,采用更加安全的停车视距及识别视距,具体建议指标见表6-12、表6-13。

干线公路快速化建设停车视距　　　　　　　　　　　表6-12

设计速度(km/h)	100	80	60
停车视距(m)	160	110	75

干线公路快速化建设识别视距　　　　　　　　　　　表6-13

设计速度(km/h)	100	80	60
识别视距(m)	220(380)	230(300)	170(240)

注:括号中为行车环境复杂、路侧出口提示信息较多时应采用的视距值。

6.3 纵断面设计

6.3.1 纵坡坡度

相关规范对最大纵坡的规定见表6-14。

最大纵坡　　　　　　　　　　　　　表6-14

规范体系	设计速度(km/h)		100	80	60
我国公路设计体系	最大纵坡(%)		4	5	6
我国城市道路设计体系	机动车道最大纵坡(%)	一般值	3	4	5
		极限值	4	5	6
日本规范	最大纵坡(%)		3	4	5

另外,我国两套规范体系均规定:①道路的纵坡不宜小于0.3%;②在连续上坡或者下坡时,应在不大于规定纵坡坡长之间设置缓和坡段,缓和坡段的纵坡应不大于3%,并满足对最小坡长的规定。

干线公路快速化建设时,建议最大纵坡以城市道路规范为依据,对应不同的设计速度,主线的最小纵坡不宜小于0.3%;最大纵坡对应不同的速度,取值为3%~5%,受地形条件或其他特殊情况限制时,经技术经济论证后,极限值可增加1%。

机非混行或采用分隔栏的辅路纵坡不宜大于2.5%;机非分离的辅路(仅指采用分隔栏或绿化带进行物理分离的路段,用标线分离的路段视为机非混行)的机动车道纵坡参照《城市道路工程设计规范(2016年版)》(CJJ 37—2012)执行,非机动车道纵坡不宜大于2.5%。

因此,干线公路快速化建设主线最大纵坡按表6-15取值。

干线公路快速化建设主线最大纵坡　　　　　表6-15

设计速度(km/h)	100	80	60
主线最大纵坡(%)	3	4	5

6.3.2 纵坡坡长

(1)相关规范对纵坡坡长的规定

①道路纵坡的最小坡长规定见表6-16。

纵坡最小坡长　　　　　　　　　　　表6-16

规范体系	设计速度(km/h)	100	80	60
公路设计体系	最小坡长(m)	250	200	150
城市道路设计体系		250	200	150

由于公路与城市道路设计体系对最小坡长的规定一致,因此可以根据相关规范对干线公路快速化建设的最小坡长进行设计。

②道路纵坡的最大坡长规定见表6-17。

纵坡最大坡长(m) 表6-17

规范体系	设计速度(km/h)	100	80	60
公路设计体系	纵坡坡度(%) 3	1000	1100	1200
	4	800	900	1000
	5	600	700	800
	6	—	500	600
城市道路设计体系	纵坡坡度(%) 4	700	—	—
	5	—	600	—
	6	—	—	400
	6.5	—	—	350
	7	—	—	300

(2) 干线公路快速化建设最大坡长选用

对最大坡长进行限制主要考虑的是载重车的爬坡性能，同时也考虑了坡底的入口速度与允许速度。城市道路对机动车道最大坡长的限制较公路更为严格，为保证驶入快速化干线公路车辆的安全，需根据《城市道路路线设计规范》(CJJ 193—2012)对坡长无法满足规范要求的纵坡进行调整。但当道路预测交通量的交通组成中轻型车占比较高，且突破最大坡长指标可以显著减少工程量、降低工程造价时，可适当放宽对坡长的限制，满足《公路路线设计规范》(JTG D20—2017)对最大坡长的要求即可。

(3) 非机动车道纵坡和坡长

干线公路快速化建设后，一个重要变化为交通组成增加了非机动车。考虑到干线公路两侧非机动车行驶，为方便人们的出行，建议干线公路快速化建设非机动车道纵坡小于2.5%，当大于或等于2.5%时，纵坡最大坡长应符合表6-18的规定。

非机动车道纵坡和坡长限制 表6-18

纵坡(%)		3.5	3.0	2.5
坡长(m)	自行车	150	200	300
	三轮车	—	100	150

6.3.3 竖曲线

(1) 相关规范对竖曲线的规定

①公路设计体系

公路纵坡变更处应设置竖曲线，竖曲线采用圆曲线。竖曲线最小半径与竖曲线长度应符合表6-19的规定。

公路竖曲线最小半径与竖曲线长度 表6-19

设计速度(km/h)		100	80	60
凸形竖曲线最小半径(m)	一般值	10000	4500	2000
	极限值	6500	3000	1400
凹形竖曲线最小半径(m)	一般值	4500	3000	1500
	极限值	3000	2000	1000
竖曲线长度(m)	一般值	210	170	120
	极限值	85	70	50

②城市道路设计体系

各级道路纵坡变化处应设置竖曲线,竖曲线宜采用圆曲线,竖曲线最小半径与竖曲线最小长度应符合表6-20的规定。一般情况下应大于或等于一般值;特别困难时可采用极限值。

城市道路竖曲线最小半径与竖曲线长度 表6-20

设计速度(km/h)		100	80	60
凸形竖曲线最小半径(m)	一般值	10000	4500	1800
	极限值	6500	3000	1200
凹形竖曲线最小半径(m)	一般值	4500	2700	1500
	极限值	3000	1800	1000
竖曲线长度(m)	一般值	210	170	120
	极限值	85	70	50

(2)干线公路快速化建设设计竖曲线

公路设计体系与城市道路设计体系相比,主要区别在于设计速度为60km/h时的凸形竖曲线最小半径的一般值与极限值,城市道路设计规范要求相对低,这主要是停车视距产生的影响。考虑到设计速度的提升与行驶安全,停车视距应保持在较高的水平上。因此,干线公路快速化建设竖曲线取值建议参照公路设计体系执行。

6.3.4 合成坡度

公路设计体系的最大合成坡度见表6-21。

公路最大合成坡度 表6-21

公路等级	高速公路			一级公路			二级公路	
设计速度(km/h)	120	100	80	100	80	60	80	60
合成坡度(%)	10.0	10.0	10.5	10.0	10.5	10.5	9.0	9.5

当陡坡与小半径圆曲线相重叠时,宜采用较小的合成坡度,特别是非汽车交通量较大的路段,合成坡度必须小于8%。

城市道路设计体系的最大合成坡度见表6-22。

在设有超高的平曲线上,超高横坡度与道路纵坡度的合成坡度应小于或等于表6-22的规定。

城市道路最大合成坡度　　　　　　表6-22

设计速度(km/h)	100、80	60
合成坡度(%)	7.0	6.5

考虑干线公路原有老路情况和非机动车的兼容性,应对公路最大合成坡度进行一定的限制。因此,干线公路快速化建设路线纵坡与弯道超高横坡度或路拱横坡度组合而成的合成坡度应小于表6-23的规定。

干线公路快速化建设最大合成坡度　　　　　　表6-23

设计速度(km/h)	100	80	60
合成坡度(%)	8.0	8.0	7.5

第7章 道路接入优化设计

7.1 一般规定

(1)接入设计必须针对道路的主要功能进行规划、设计和管理,形成功能明确、层次明晰的道路系统。快速化公路以服务过境交通为主,必须对接入进行严格的控制,兼顾两侧用地的可达性。

(2)接入设计应对由快速化公路两侧用地直接出入的车流进行管理,减少对直行交通流的干扰。

(3)接入设计应避免在交叉口功能区附近设置道路接入点。

(4)接入设计应限制平交口区域机动车与机动车、机动车与自行车及机动车与行人之间的冲突点数。

(5)接入设计应结合交通组织设计,合理布置交叉口处的专用转向车道。

7.2 平面交叉口功能区接入

(1)平交口处接入设计宜合并功能区内过多的接入口,将合并而成的道路接入口设置于交叉口功能区之外。

(2)平交口处接入设计应根据主线交通量的大小对双向接入道路进行出入控制管理,主要包括禁止左进、禁止左出和禁止左进左出等。

(3)当交叉口进口道两侧各有一个接入道路时,应主要考虑交叉口主要道路上的交通流,合理安排接入道路的接入顺序。

(4)平交口处左转是交通冲突点出现最频繁的一个方向,应把交叉口的左转车和其他车辆适当分离开来,保证交叉口运行效率和安全。

(5)中央分隔带掉头开口尽量远离平交口,减少平交口转向车辆与掉头车辆之间的交通冲突和阻滞。

7.3 一般路段接入

(1)一般路段道路接入设计要满足停车视距、引道视距和安全交叉视距的要求。

(2)在道路沿线开口众多时,宜采取封闭、合并的措施来控制接入道路的数目,靠近快速化公路的单位或企业的出入口应尽量共用开口。

7.4 交通流导入

(1)结合路段实际情况,选择合适的支路接入长度、宽度以及坡度。

(2)考虑到平交口处交通转换为"右进右出"的形式,可参考平交口处设置导流岛的做法,在接入点处利用小型导流岛或护栏等方式将支路的出入交通流分离。

7.5 主辅路出入口设计

(1)地面式主辅路出口设计需根据主线出口流量及辅路流量选择恰当的出口布置形式及宽度。入口设计需考虑辅路驶入车辆对主线车流产生的影响。

辅路与主线出入口设置原则如下:

①出入口设置在主线行车道的右侧,并在主线路侧另增设变速车道。

②立体交叉区前后宜设置单一出入口。

③出入口形式明确,减少车辆逆行可能。

④出口端部宜设置在支线上跨桥之前,提高出口的安全性。

⑤入口保证主线100m、匝道60m的通视区域。

⑥匝道出入口附近的主线应采用较高平、纵面指标。

⑦出入口间距满足规范要求的最小间距,出入口设置需求密集路段尽可能采用先出后入的形式,减少分合流交通对主线交通的干扰。

(2)车辆从主线出口驶出进入辅路附加车道的行车轨迹为S形曲线,应选择合适的出口宽度及出口线形,以保证行车安全。

(3)为保证出口通行效率与安全性,需设置合理的附加车道长度。在考虑实际道路几何条件及交通状况的条件下,辅路附加车道长度宜为100~120m。

(4)辅路临近入口路段存在交通紊乱、速度不稳定的状况,宜对入口路段的标志标线进行优化:

①入口提醒标志应在原有基础上前移,使辅路外侧车辆能够提前变换至辅路内侧车道,减少由于入口提醒标志离入口太近使得辅路车辆匆忙换道而引起的交通混乱。

②对入口处辅路标线进行优化,优化方式可参考图7-1并考虑实际入口渠化优化,主要为了防止辅路外侧车道车辆一次变换多条车道而埋下交通安全隐患。

(5)主辅路出入口间距应大于或等于表7-1的规定。

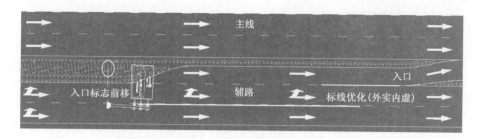

图 7-1　地面整体式主辅路入口处标志标线优化示意图

出入口最小间距(m)　　　　　　　　　　　　　　　　　表 7-1

主线设计速度 (km/h)	出入口形式			
	出口-出口形式	出口-入口形式	入口-入口形式	入口-出口形式
100	760	260	760	1270
80	610	210	610	1020
60	460	160	460	760

注：条件受限时，入口-出口形式的最小间距为：100km/h 主线设计速度可采用 1020m，80km/h 主线设计速度可采用 760m。

（6）当主辅路出入口间距不能满足表 7-1 的规定时，宜增设辅助车道，或增设至少 2 条车道的集散车道，与主线行车道之间应设物理分割。

（7）主辅路出入口与辅路平交口距离问题：

①为了方便其他道路通过辅路平交口与主线形成快速的交通转换，一般将主辅路出入口（或上下匝道）与辅路平交口设置为简易菱形立体交叉。

②为保证出口交通畅通，《城市快速路设计规程》（CJJ 129—2009）对高架上下匝道与辅路平交口间距有如下规定：下匝道坡脚与辅路衔接点距离下游平面交叉口停车线宜大于或等于 140m；上匝道坡脚与辅路衔接点距离上游平面交叉口停车线宜为 50~100m。

③考虑到快速路主线车辆行驶速度高和分合流交通安全性，快速化进程下的干线公路改造出入口布设除满足以上最小间距要求外，出入口设置还宜满足以下条件：

对前后交叉口间距满足要求（500~1500m）的路段，主辅路出口设置在节点 1 下游端，入口设置在节点 2 上游端，从而使得车流交织变换车道主要在车速较低的一般路段的辅路完成[图 7-2a)]。

对前后交叉口间距较大（≥1500m）的路段，主辅路出口设置在节点 2 的上游端，入口设置在节点 1 的下游端[图 7-2b)]，充分发挥快速路主线的优势。

对前后交叉口间距较小（300~500m）的路段，主辅路出口设置节点 1 的上游端，入口设置在节点 2 的下游端[图 7-2c)]。

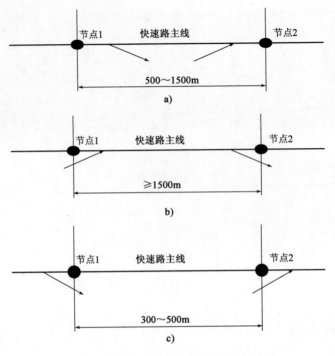

图 7-2 针对不同交叉口间距的出入口设置方法

第8章 交 叉 设 计

8.1 辅路平面交叉设计

(1)辅路平面交叉设置条件

①快速化公路辅路与其他快速化公路辅路相交。
②快速化公路辅路与作为集散公路的二级公路或三、四级公路相交。
③快速化公路辅路与城市次干路、支路相交。

(2)交通管理方式

辅路平面交叉宜采用信号控制交通管理方式。

(3)平面交叉设计速度

①平面交叉范围内主线的设计速度宜与路段设计速度相同。
②两相交道路的功能、等级相同或交通量相近时,平面交叉范围内的直行车道的设计速度可适当降低,但不应低于路段的70%。
③次要道路因交角等原因改线或因条件受限采用较低的线形指标时,可适当降低设计速度。
④转弯车道的设计速度应根据路段设计速度、交通量、交叉类型、交通管理方式和用地情况等因素综合确定。

(4)平面交叉最小间距

平面交叉最小间距应符合表8-1的规定。

平面交叉最小间距   表8-1

公路功能	干线公路		集散公路
	一般值	最小值	
间距(m)	1000	500	300

8.2 立体交叉设计

8.2.1 立体交叉设置条件

快速化公路设置立体交叉应符合下列规定:

(1)快速化公路主线与各级道路相交。

(2)快速化公路辅路与高速公路、一级公路或作为干线公路的二级公路相交。

(3)快速化公路辅路与城市快速路、主干路相交。

8.2.2 立体交叉分类及选择

立体交叉应根据相交道路等级、直行及转向(主要是左转车辆行驶特征)等分类,主要类型划分为互通式立体交叉和分离式立体交叉,其中互通式立体交叉分为枢纽互通式立体交叉和一般互通式立体交叉。

快速化公路立体交叉类型选择,应根据交叉节点在路网的地位、作用、相交道路的等级,结合交通转换需求以及立体交叉节点所在区域用地条件确定,并应符合表8-2的规定。

快速化公路主辅路立体交叉选型　　　　　表8-2

立体交叉类型	选型	
	推荐形式	可用形式
主线——高速公路、一级公路(干线功能)	枢纽互通式	—
主线——其他公路	一般互通式	分离式
主线——快速路	枢纽互通式	—
主线——主干路	一般互通式	分离式
主线——其他城市道路	—	分离式
辅路——高速公路、一级公路或具有干线功能的二级公路	一般互通式	分离式
辅路——快速路、主干路	—	分离式

8.2.3 互通式立体交叉间距

互通式立体交叉间距控制是保证高速公路运营功能及合理控制建设规模的措施之一,距离过近,主线直行交通流会因为地方交通的频繁接入而受到一定影响,严重时会产生紊乱甚至出现交通瓶颈,从而导致通行能力和运行安全水平下降。服务区与互通式立体交叉的间距应满足驾驶员判断及车辆运行的需要,避免因出口不明、驾驶员疏忽、车辆抵近时紧急制动,导致后续车辆追尾。

最小净距是独立互通式立体交叉的最小控制标准,指相邻入、出口之间主线基本路段的最小长度。最小净距根据车辆驶离主线全过程所需要的距离确定,该过程包括驾驶员认读标志、行动决策、寻找间隙、变换车道和出口确认等,所需要的距离与运行速度和变换车道的数目等有关。

《公路交通标志和标线设置规范》(JTG D82—2009)规定,高速公路出口预告标志分别设在距离出口2km、1km、500m和0km的位置。当全部预告标志设置在净距范围内有困难时,2km和1km的出口预告标志可提前设在净距起点之前或上游互通式立体交叉之前,但500m出口预告标志必须设置在净距范围内。

互通式立体交叉的间距规定如下:

(1)相邻互通式立体交叉的距离不宜小于1.5km。

(2) 条件受限时, 经论证相邻互通式立体交叉的间距可适当减小, 加速车道渐变段终点至下一互通式立体交叉减速车道渐变段起点间的距离不得小于 500m, 且应设置完善的标志、标线等交通安全设施。

(3) 当间距小于 500m, 且经论证必须设置时, 宜设置集散车道或将两者合并为组合式互通式立体交叉。

8.2.4 立体交叉主线设计

(1) 主线线形指标应符合表 8-3 的规定。一般情况下, 最小圆曲线及竖曲线半径应采用大于或等于表列一般值, 最大纵坡应小于或等于表列一般值。受地形条件或其他特殊情况限制时, 方可采用表中极限值。

立体交叉口主线设计指标   表 8-3

设计速度(km/h)			100	80	60
圆曲线最小半径(m)		一般值	1500	1100	500
		极限值	1000	700	350
竖曲线最小半径(m)	凸形	一般值	25000	12000	6000
		极限值	15000 (17000)	6000 (8000)	3000 (4000)
	凹形	一般值	12000	8000	4000
		极限值	8000	4000	2000
最大纵坡(%)		一般值	2	3	4.5(4.0)
		极限值	3	4	5(4.5)

注: 1. 在分流鼻端前识别视距控制路段, 主线凸形竖曲线最小半径取表中括号值。
   2. 当互通式立体交叉位于主线连续长大下坡段底部时, 减速车道下坡段最大纵坡取表中括号值。

(2) 立体交叉范围内, 主线分流之前应保证判断出入口所需的识别视距, 识别视距应大于表 8-4 的规定。

立体交叉主线识别视距   表 8-4

设计速度(km/h)	100	80	60
识别视距(m)	290(380)	230(300)	170(240)

注: 1. 括号中为行车环境复杂、路侧出口提示信息较多时应采用的视距值。
   2. 条件受限制路段, 识别视距可采用 1.25 倍的停车视距, 但应进行必要的限速控制并采取管理措施。

8.2.5 立体交叉匝道设计

(1) 匝道设计速度应符合表 8-5 的规定。

匝道设计速度(km/h)   表 8-5

匝道形式	直连式	半直连式	环形
枢纽互通式立体交叉	40、50、60	40、50	40
一般互通式立体交叉	40、50	40	30、35、40

匝道为主线车辆出入门户，其交通量一般小于主线，另外匝道受用地、地形和建设费用等限制，计算行车速度都比主线低，但不能降低过多。在《公路路线设计规范》(JTG D20—2017)与《城市道路工程设计规范(2016年版)》(CJJ 37—2012)中均有明确规定，选用时匝道车速最好不低于主线车速的60%~70%，困难情况下也不得低于50%。

与《公路路线设计规范》(JTG D20—2017)相比，《绿皮书》对于匝道的设计速度的推荐值给出了更加明确的解释。比如，《公路路线设计规范》(JTG D20—2017)与《绿皮书》都提到在直连式或半直连式左转弯匝道可以选用中间值或上值，但《绿皮书》除此之外，建议不宜低于50km/h，短的单向匝道一般不大于80km/h，使得设计更加精细。《绿皮书》还对相交公路的设计速度给出了建议取值变化趋势。

(2)匝道全长范围内的停车视距应不小于表8-6的规定。

匝道停车视距 表8-6

设计速度(km/h)	60	50	45	40	35	30
停车视距(m)	75	65	50	40	35	30

在对于行驶的安全保证上，《公路路线设计规范》(JTG D20—2017)与《绿皮书》都采用了2.5s的决策时间以及潮湿路面的摩擦系数。但在摩阻系数的选择上，《绿皮书》采用的是恒定值，而《公路路线设计规范》(JTG D20—2017)对摩阻系数的选取是根据行驶速度计算的，这使得在高速行驶过程中计算出的视距比《绿皮书》要小。但在货车的停车视距讨论时，《公路路线设计规范》(JTG D20—2017)给出了5处应考察货车停车视距的位置，比《绿皮书》更加全面。在匝道上也要满足视距的要求，由于匝道具有一定的坡度和曲线，因此应特别注意计算停车视距。

(3)匝道平面设计

①圆曲线半径应符合表8-7的规定。

匝道圆曲线最小半径 表8-7

设计速度(km/h)		60	50	40	35	30
最小半径(m)	一般值	150	100	60	40	35
	极限值	120	80	50	35	25

匝道的平面线形设计，不仅仅取决于设计速度，特别是在市区内，快速路立体交叉的匝道更应考虑该立体交叉的类型、交通量、地形、用地条件、造价等因素。相对于主干道上的圆曲线设计，匝道的圆曲线设计更应注重低速行驶时的安全性。因此，在圆曲线设计时，除了在干道的横坡与超高上的考虑以外，对于线形的控制尤其重要，当驾驶员感觉线形良好时，会自然地进行提速，这在低速行驶的匝道上是很危险的。应通过圆曲线的半径控制，以及周边景物和渠化对驾驶员的身心影响，达到使驾驶员控制速度的目的，防止发生安全事故。

②回旋线长度和参数不小于表 8-8 的规定,同时回旋线长度不宜小于超高过渡所需长度。

匝道回旋线参数与长度　　　　　　　　　　　表 8-8

设计速度(km/h)	60	50	40	35	30
回旋线参数 A(m)	70	50	35	30	20
回旋线最小长度(m)	50	40	35	30	25

对于回旋线的功能,《公路路线设计规范》(JTG D20—2017)和《绿皮书》都是相同的,而回旋线的选取,一般采用"欧拉"螺旋形,其半径是由直线段处的无穷大变化到圆曲线的半径长度。规范所给出的回旋线长度是经验值,根据回旋线的功能,期望的回旋曲线长度值是车辆在设计速度下运行 2s 时相应的曲线长度。对于 2s 的设定,《绿皮书》考虑的是驾驶员从直线段进入圆曲线内的安全性和舒适性。

《公路路线设计规范》(JTG D20—2017)和《绿皮书》还有一个相同点在于,在同时设置回旋线和设置超高的情况下,一般回旋线的长度与超高过渡段的长度相同。对于城市的立体交叉的匝道设计,往往限于地形、用地条件等,不能放大曲线的半径,而且也经常使用复曲线,这对回旋线的设置要求就更加苛刻。回旋线的最小长度是为了满足安全的需要,对于舒适性等其他考虑,应根据当地情况进行设计。

③在分流鼻端,匝道平曲线的曲率半径(图 8-1)和回旋线参数不小于表 8-9 的规定。

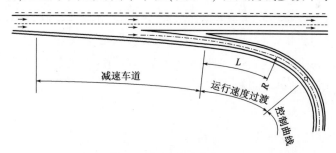

图 8-1　分流鼻处曲率半径

匝道分流鼻处平曲线最小曲率半径和回旋线参数　　　　表 8-9

主线设计速度(km/h)		100	80	60
最小曲率半径(m)	一般值	300	250	200
	极限值	250	200	150
回旋线参数 A(m)	一般值	80	70	60
	极限值	70	60	40

匝道分流点连接着主线与匝道,是车辆进入变速车道的分开点。在该点处,存在因速度的分离而引出的平曲线曲率变化。在《公路立体交叉设计细则》(JTG/T D21—2014)中规定:出口匝道应按运行速度过渡段设计,运行速度过渡段上任一点的平曲线

曲率半径不宜小于表8-9查取的曲率半径值,当线形设置困难时,可按低一级主线设计速度取值。

(4)纵断面设计

①匝道的最大纵坡应符合表8-10的规定。

匝道最大纵坡　　　　　　　　　　　　　表8-10

设计速度(km/h)		60	50	≤40
最大纵坡(%)	出口匝道 上坡	4.0	4.5	5.0
	出口匝道 下坡	3.0	3.5	4.0
	进口匝道 上坡	3.0	3.5	4.0
	进口匝道 下坡	4.0	4.5	5.0

②匝道纵坡段的竖曲线最小半径及最小长度应符合表8-11的规定。

匝道竖曲线半径、竖曲线长度　　　　　　　表8-11

设计速度(km/h)			60	50	40	35	30
竖曲线最小半径(m)	凸形	一般值	2000	1600	900	700	500
		极限值	1400	800	450	350	250
	凹形	一般值	1500	1300	900	700	400
		极限值	1000	700	450	350	300
竖曲线最小长度(m)		一般值	70	60	40	35	30
		极限值	50	40	35	30	25

③匝道与主线相连接部位,其纵断面线形应连续,避免突变。

④出口匝道宜为上坡匝道,入口匝道宜为下坡匝道;上坡加速或下坡减速匝道应采用较缓的纵坡,避免采用最大纵坡。

(5)横断面设计

匝道横断面各组成部分的尺寸应符合下列规定:

①当匝道设计速度小于70km/m时,车道宽度应采用3.5m;当匝道设计速度大于70km/h时,车道宽度应采用3.75m。

②路缘带宽度应采用0.5m。

③设紧急停车带的单向双车道匝道,左侧硬路肩宽度宜采用0.75m;其余匝道应采用1.00m。

④当设紧急停车带时,右侧硬路肩宽度宜采用3.00m,条件受限时可适当减小,但单向单车道和单向双车道匝道不应小于1.5m,对向分隔式双车道匝道不应小于2.00m;当不设紧急停车带时,可采用1.00m。

⑤土路肩宽度宜采用0.75m;当条件受限时可采用0.50m。

⑥中央分隔带宽度不应小于1.00m。

(6) 匝道加宽

匝道圆曲线部分加宽应符合表8-12的规定。

匝道加宽值　　　　　　　　　表8-12

单车道匝道		单向双车道或非分隔式对向双车道匝道	
圆曲线半径 R(m)	加宽值(m)	圆曲线半径 R(m)	加宽值(m)
$25 \leqslant R < 27$	2.25	$25 \leqslant R < 26$	3.25
$27 \leqslant R < 29$	2.00	$26 \leqslant R < 27$	3.00
$29 \leqslant R < 32$	1.75	$27 \leqslant R < 28$	2.75
$32 \leqslant R < 35$	1.50	$28 \leqslant R < 30$	2.50
$35 \leqslant R < 38$	1.25	$30 \leqslant R < 31$	2.25
$38 \leqslant R < 43$	1.00	$31 \leqslant R < 33$	2.00
$43 \leqslant R < 50$	0.75	$33 \leqslant R < 35$	1.75
$50 \leqslant R < 58$	0.50	$35 \leqslant R < 37$	1.50
$58 \leqslant R < 70$	0.25	$37 \leqslant R < 39$	1.25
$R \geqslant 70$	0	$39 \leqslant R < 42$	1.00
		$42 \leqslant R < 46$	0.75
		$46 \leqslant R < 50$	0.50
		$50 \leqslant R < 55$	0.25
		$R \geqslant 55$	0

匝道圆曲线加宽缓和段长度应采用与回旋线或超高缓和段长度相同的数值;设回旋线或超高缓和段时,加宽缓和段长度应按渐变率1:15且长度≥10m的要求设置。

(7) 匝道超高

匝道上圆曲线不设超高的最小半径见表8-13,不设回旋线的匝道圆曲线极限半径与不设超高的匝道圆曲线最小半径相同。当反向横坡超过2.5%时,应另行计算确定。

匝道不设超高圆曲线半径　　　　　　　　　表8-13

设计速度(km/h)		60	50	40	35	30
不设超高圆曲线最小半径(m)	反向横坡≤2%	1500	1000	600	500	350
	2%<反向横坡≤2.5%	1900	1300	800	600	450

匝道上圆曲线最大超高宜小于或等于5%,具体规定见表8-14。

匝道圆曲线最大超高　　　　　　　　　表8-14

设计速度(km/h)	60	50	40	35	30
最大超高(%)	5	5	4	3	3

超高渐变率规定见表8-15。

匝道超高渐变率 表8-15

设计速度 (km/h)	断面类型及旋转轴位置			
	单向单车道		单向双车道、非分隔式对向双车道	
	路缘带外边线	行车道中心线	路缘带外边线	行车道中心线
60	1/150	1/225	1/125	1/175
50	1/125	1/200	1/100	1/150
≤40	1/100	1/150	1/100	1/150

为了减少道路横坡处于水平状态时路面排水不畅的影响,超高渐变率不应过小,最小超高渐变率应符合表8-16的规定。

匝道最小超高渐变率 表8-16

断面类型		单向单车道	单向双车道、非分隔式对向双车道
旋转轴位置	行车道中心线	1/800	1/500
	路缘带外边线	1/500	1/300

8.2.6 立体交叉变速车道设计

(1)立体交叉匝道出入口处,应设置变速车道。变速车道分直接式和平行式两种,减速车道宜采用直接式,加速车道宜采用平行式。

(2)变速车道的长度为加速车道(或减速车道)长度与过渡段长度之和,变速车道长度不应小于表8-17的规定。

变速车道长度 表8-17

设计速度(km/h)		100	80	60
减速车道长度 (m)	单车道	125	110	95
	双车道	190	170	140
加速车道长度 (m)	单车道	200	180	155
	双车道	350	310	270
平行式过渡段长度(m)		60	50	45
渐变率	出口 单车道	1/25	1/20	1/15
	双车道			
	入口 单车道	1/40	1/30	1/20
	双车道			

(3)坡上变速车道长度按表8-18中的系数进行修正。

变速车道长度坡度修正系数 表8-18

主线纵坡 i(%)	$i≤2$	$2<i≤3$	$3<i≤4$	$i>4$
下坡减速车道修正系数	1.00	1.10	1.20	1.30
上坡加速车道修正系数	1.00	1.20	1.30	1.40

8.3 节点方案比选

干线公路快速化改造后,干线公路需要兼顾快速交通及慢速交通,为了保证干线公路主线的快速交通,需要对干线公路主线平交口进行立体化改造。拟分别建立节点改造决策选择模型与形式选择模型。

8.3.1 节点改造决策选择模型

通过查阅国内外公路立体交叉和城市道路立体交叉的设计、建设、管理及方案评价、安全性评价方面的文献,按照平交口改造方案的特点及评价指标的选取、修正原则,参照已有公路立体交叉、城市道路立体交叉评价体系,建立5类指标,分别为功能指标、安全指标、经济指标、环境指标和建设指标。

(1)功能指标:通行能力、行驶距离;
(2)安全指标:运行速度协调性、视距、立体交叉间距;
(3)经济指标:工程造价、拆迁社会成本;
(4)环境指标:景观性、占地面积、噪声污染;
(5)建设指标:分期修建适应性、工期、施工风险、养护方便性。

对各评价指标的第一步量化,可采用以下3种方法:①由设计资料统计计算得到;②由工程估算或参考类似工程估算得到;③用模糊数学的方法得到。

对各评价指标的第二步量化,是通过隶属函数来计算各指标的隶属度。所采用的隶属函数有以下3种:正态分布型隶属函数、直线型隶属函数和等级型隶属函数。

利用层次分析法,建立不同大类指标与分类指标的权重,定量化对节点改造决策进行排序。

8.3.2 节点改造形式选择模型

快速化建设后的道路技术标准较高,与其他等级道路相交基本都要通过立体交叉来实现,或将主辅路进行隔离通行,辅路与支线相交,实现右进右出。可见,立体交叉是快速路出入口的重要组成部分。一般情况下,快速路与快速路或高速公路相交时,采用枢纽互通式立体交叉;而快速路与主次干路相交时,通常采用一般互通式立体交叉。在本书所研究的工程背景下,一般互通式立体交叉的常用形式有单喇叭形立体交叉、菱形立体交叉和部分苜蓿叶形立体交叉等。

平交口改造形式的选择,应根据相交道路等级、交通量、路网交通规划、工程造价等因素综合确定。穿越方式的选择,应从工程数量、路面排水、照明、通风、管线影响、噪声及振动、行车安全、道路景观、施工影响等方面进行考虑,并通过比较得出适用范围较广的相交道路穿越方式。具体形式比较分析见表8-19。

平交口改造形式比较分析　　　　　　　　　　　　　表8-19

平交口改造形式	分离式立体交叉	一般互通式立体交叉	枢纽互通式立体交叉
交通量特点	主线、支线直行交通量大,转弯交通量小	直行交通量较大,部分转向交通量较大,主线与支线之间需要实现一定的衔接	能满足两条主线各自的大交通流量,具有完备的转向功能
相邻交叉口情况	若为平交口,要考虑跨线桥、隧道纵坡起终点与平交口的距离能否满足行车安全的要求	若为平交口,间距问题的考虑同分离式立交;若为互通式立交,间距需满足规范要求	将原有的平交口改造为枢纽互通式立体交叉,要考虑与邻近大型立体交叉的间距,以及匝道、引桥的位置
占地	一般	较大	大
工程造价	一般	较高	高

对平面交叉进行立体化改造,无论是分离式还是一般互通式,都存在主线与支线道路相交的问题,其方式有3种:上跨式、下穿式和半上跨半下穿式。

通过对各种方式优点、缺点、适用条件的分析,以及从适用地形、占地、地面建筑干扰、地下空间占用、工程造价、地下管线、排水问题、噪声及振动、通风与采光、道路景观要求、施工影响、工程分期修建等众多方面的比较,得出相对最优选择为主线上跨、支线下穿方式。该方式具有明显的优势:首先,两条相交道路同时调整,可以避免主线或支线的过度上抬或下挖,不仅降低了工程难度,还解决了很多工程问题,如下穿通道的排水设置、对浅层地下管线的影响、上跨结构景观性、噪声影响等。并且,这种方式有利于纵断面线形的优化,更好地保证车速的平稳性,对提高改造路段的交通安全、减少交通事故意义重大。其次,同时对两条道路进行改造,相较于支线上跨、主线下穿形式,该方式的交通组织更为便利,可利用地面平交口组织转向交通。因此,建议将这种适用范围较广、安全性较优的形式在工程实践中加以推广。

8.3.3　节点改造方案综合评价

节点改造设计需要考虑的因素很多,例如与城市各项规划的协调性、交通出入主线和匝道的安全性、方案的环境景观效果、建筑物拆迁、土地征用等。本书主要从技术、经济、安全的角度出发,结合建设单位在前期工作和实施阶段关心的问题综合考虑,最终筛选出以下7个重要指标,建立相应指标体系,见表8-20。

节点方案综合评价表　　　　　　　　　　　　　　表8-20

评估指标	分类	分值	说明
现有构造物利用情况(A1)	能完全利用	4~6	构造物指桥梁、涵洞等
	部分利用	2~3	
	废弃	0~1	

续上表

评估指标	分 类	分值	说 明
与节点方向交通量契合度(A2)	完全一致	4~6	结合交通量和行车舒适性考虑
	重要方向符合	2~3	
	个别方向存在缺陷	0~1	
土地利用(A3)	非常有利于土地开发	4~6	根据土地性质确定
	便于土地开发	2~3	
	对土地开发有一定影响	0~1	
建筑物拆迁(A4)	涉及重要建筑物	0~1	重要建筑物指拆迁影响面大、代价高的企事业单位建筑物
	多层民房或工厂企业	2~3	
	普通民房(平房)或少量楼房	4~6	
管线拆迁(A5)	国家级石油天然气或50万伏高压线	0~1	特别注意高压供电线路的拆迁影响
	省级石油天然气或11万~22万伏高压线、城市供水主管	2~3	
	普通油气、水、电管线	4~6	
施工工艺成熟度(A6)	特殊工艺,极少单位能做	0~1	考虑施工企业工程经验
	有一定风险,较少使用的工艺	2~3	
	常规、成熟工艺	4~6	
工程规模(A7)	增加10%以上	0~1	以造价居中的方案为基准

利用该指标体系进行专家估计,评价不同节点改造形式的竞争性,指导决策。

本书研究的对象是干线公路,是在现有道路的基础上进行快速化建设研究,所以必须对现有道路的使用情况进行详尽的调查分析,以判断老路能否利用,特别是节点周围的重要构造物能否利用。

节点交叉转向交通量是节点方案设计的重要考虑因素之一,是满足交通转向需求的重要体现,转向匝道方案设计与交通量的匹配程度直接决定了节点改造是否成功。

建筑物拆迁是节点改造的重要影响因素之一,通过对多条国省干线公路的投资组成进行分析,发现拆迁建筑物的费用占比接近50%,所以合理规避拆迁是节点方案设计的重要考虑因素之一。

土地是在现有行政体制下各级地方政府普遍关注的问题,如何合理利用土地,是直接关系到地方利益的重大事件。所以,从工程前期规划到实施建设全过程,都必须要认真对待这个问题。

管线拆迁被列入评估体系的主要原因是,现有管道仍是以行业主管为主,涉及拆迁时,必须向上级主管部门申请报批,周期较长,特别是11万伏以上的高压电线和国家级输油输气线,每年暂停服务的时间控制得非常严格,往往严重影响项目工期。

施工工艺成熟度主要是考虑节点方案改造往往工程规模较大,既有对现有构筑物的拆除，又有新建大型构筑物。对于项目管理来说，既要保证合理安排工期，还要考虑施工的安全性，同时要保证招投标时能选择到合适的施工队伍，所以对设计方案提出了更高的要求。

工程规模是建设单位关心的重要问题，特别是在现有投资体制和投融资平台清理的情况下，融资方式受限，不仅经济欠发达地区，连经济发达地区融资也存在不小的难度，所以合理控制工程规模是节点改造时方案设计的重要考虑因素。

上述7项评估指标均为技术、经济及施工实施方面的重要考虑因素，故本次评估指标体系建立时，不考虑各项指标的权重差别。

8.3.4 节点改造方案的选择

根据项目在区域路网中的功能及工程总体布局，在保证项目本身的快速化前提下同时考虑与区域路网之间的转换需要，确定交叉节点设置原则如下：

(1)交叉位置选择在与城市道路(国省干道、城市道路、通港通道)相交叉的位置，以形成便捷的交通运输网络。

(2)交叉位置尽量选择靠近密集交通流(车辆、行人等)，便于城市交通出行和利用。

(3)合理把握交叉的设置间距，保证快速化功能需求，方便沿线道路网络的沟通。

干线公路与道路交叉主要按照以下方式处理：

(1)互通式立体交叉位置选择在与城市主干道(国道、省道等干线公路)相交叉的位置，以形成便捷的交通转换。

(2)分离式立体交叉设置在城市次干道等被交路直行需求较大、转向需求相对较小的交叉位置，方便城市路网的沟通。

(3)右出右进的平面无交织交叉设置在与路网有转换需求的所有路网道路，通过辅路与主线进行交通转换。

(4)左入式立交匝道属于定向匝道的一种，具有占地较少、线形顺直的特点，适用于苛刻条件下立交匝道的布设，其所适应的苛刻条件主要体现在以下3个方面：用地限制、立体交叉类型及等级、左转交通需求。

干线公路进行快速化建设的重要手段就是通过减少平面交叉和路侧干扰来实现主线快速化。主线与交叉道路的交通转换除大型互通式立体交叉外，其余均通过辅路与主线的出入口进出主线。

辅路与主线出入口设置原则如下：

(1)出入口设置在主线行车道的右侧，并在主线路侧另增设变速车道。

(2)立体交叉区前后宜设置单一出入口。

(3)出入口形式明确，减少车辆逆行可能。

(4)出口端部宜设置在支线上跨桥之前，提高出口的安全性。

(5)入口保证主线 100m、匝道 60m 的通视区域。

(6)匝道出入口附近的主线应采用较高平、纵面指标。

(7)出入口间距满足规范要求的最小间距,出入口设置需求密集路段尽可能采用先出后入的形式,减少分合流交通对主线交通的干扰。

第9章 交通设施设计

9.1 交通安全设施

交通安全设施属于公路的基础设施,包括护栏、交通标志、交通标线、隔离设施、防眩设施和视线诱导设施等。

9.1.1 护栏设计

(1)护栏功能

合理设置护栏可以减少交通事故,降低事故的严重程度,还可以诱导行车视线。具体来说,正确设计、合理设置的护栏可以实现以下功能:

①防止车辆越出路外,坠入深沟、湖泊等,防止车辆碰撞到路侧危险物,保护路外建筑物的安全,确保行人不致受到重大伤害;阻止失控车辆穿越中央分隔带闯入对向车道。

②有时护栏能使车辆恢复到正常行驶方向。车辆碰撞护栏的运动轨迹应能圆滑过渡,以较小的驶离角和较小的回弹量停留在不影响车辆正常行驶的地方,不致发生二次事故。

③一旦失控车辆与护栏发生碰撞,对驾驶员和乘客的损伤应不至于太严重,要求护栏具有良好的吸收碰撞能量的功能,也要求碰撞时的加速度小于$20g$。

④诱导驾驶员的视线,使驾驶员清晰地看到道路的轮廓及前进方向的线形,增加行车安全性,使道路更加美观。

(2)护栏形式

护栏形式的选择,应针对具体情况充分比较各种护栏的性能,分析行驶安全感、压迫感、视线诱导、瞭望舒适性,考虑与公路周围环境的协调,并结合经济性、施工条件及养护维修等因素,在综合分析的基础上确定。

根据碰撞后护栏的变形程度,护栏可分为刚性护栏、半刚性护栏和柔性护栏。其主要代表形式分别为混凝土护栏、波形梁护栏和缆索护栏。钢背木护栏属于半刚性护栏,它外观比较赏心悦目,通过在实木梁、柱内设置钢板或型钢材料来增加抗拉强度。目前国外一些钢背木护栏产品已经通过了护栏碰撞试验。

①刚性护栏

刚性护栏是一种基本不变形的护栏结构,按不同结构又可分为混凝土墙式护栏、混凝土梁柱式护栏、桥梁用箱梁护栏和管梁护栏及组合式护栏。刚性护栏是通过车轮转动角的改变，车体变位、变形和车辆与护栏、车辆与地面的摩擦来吸收碰撞能量。在碰撞过程中，车辆变形程度取决于其自身的刚度、碰撞能量和碰撞作用时间。当车辆的碰撞角度较大时，往往造成比较严重的后果。它对保障乘员安全性的要求略低。刚性护栏在碰撞时不变形，几乎不会被损坏，维修费用很低，但对车辆行驶有压迫感，在寒冷地区使用容易积雪。因此，不宜在道路全线设置刚性护栏，主要设置在需严格阻止车辆越出路外，以免引起二次事故的路段，如窄中央分隔带以及桥梁和路肩式挡土墙等特殊地段。

②半刚性护栏

半刚性护栏是一种连续的梁柱式结构，具有一定的刚度和柔性，主要是指波形梁钢护栏。它通过车辆与护栏间的摩擦、车辆与地面间的摩擦及车辆、土路基和护栏本身产生一定量的弹、塑性变形（以护栏系统的变形为主）来吸收碰撞能量。半刚性护栏通过延长碰撞过程的作用时间来降低车辆加速度，并迫使失控车辆改变行驶方向，阻止车辆越出路外，从而确保不发生更大的交通事故。

梁柱式半刚性护栏按不同结构又可分为二波波形梁护栏、三波波形梁护栏、管梁护栏和箱梁护栏等。半刚性护栏通过横梁、立柱和土基的变形吸收冲撞能量，其损坏部件容易更换，具有一定的视线诱导作用，而且外形美观。波形梁护栏应用广泛，主要设置在高速公路路侧及中央分隔带。

③柔性护栏

柔性护栏是一种具有较大缓冲能力的韧性护栏结构。缆索护栏是柔性护栏的主要代表形式，它是一种以数根施加初张力的缆索固定于端柱上而组成的钢缆结构，主要依靠缆索的拉应力来抵抗车辆的碰撞，吸收碰撞能量。

在选择护栏形式时，需要综合考虑的因素见《公路交通安全设施设计细则》(JTG/T D81—2017)。

(3)护栏参数

①设置位置

路侧波形梁护栏的横断面布设，不应使护栏面侵入公路建设界限以内，并不得使护栏立柱外侧的侧向土压力明显减小。立柱外边缘到路肩边缘的距离为：当土路肩宽度为 75cm 时，不应小于 25cm；当土路肩宽度为 50cm 时，不应小于 14cm。

②设计长度

护栏的设计长度包括护栏标准段、渐变段和端头三部分长度之和，一级公路路侧护栏最小设置长度为 70m，两段路侧护栏之间相距小于 70m 时，需在该两路段之间连续设置。

③设计高度

根据美国护栏足尺碰撞试验的结果，我国提出的防止车辆钻撞和越出的护栏高度分别为：

缆索护栏——从地面到最上一根缆索顶的高度为950mm；

箱梁护栏——从地面到箱梁顶的高度为700mm；

波形梁护栏——从地面到横梁顶的高度为755mm。

上述护栏高度几乎可以适应所有乘用车，大部分轻型货车、厢式货车、多用途车，不会产生钻撞，也不会产生越出事故。

④端部设计

路侧护栏端部一般由护栏端头通过渐变段与护栏标准段相接，我国的护栏渐变段一般设计成直线形或抛物线形，即立柱位置与路线平行或呈斜直线、抛物线逐渐外移，高度保持不变。目前我国路侧护栏设计中渐变段立柱间距一般为2m，小于护栏标准段4m的立柱间距。有关端头的设计形式，《公路交通安全设施设计规范》(JTG D81—2017)规定如下：路侧波形梁护栏的起讫点应进行端头处理。路侧护栏的端头可以设计成地锚式或圆头式。逆行车方向的上游圆头式端头与护栏标准段之间应设渐变段，顺行车方向的下游端头可与标准段护栏成一直线布设。

9.1.2 交通标志设计

9.1.2.1 交通标志

(1) 交通标志版面设计

交通标志的版面是公路交通信息的具体反映。在版面设计中，要充分分析干线公路的具体线形特征和交通组成，结合公路使用者的行动特点，增加其可读性、识认性。交通标志的表达方式和含义必须让道路使用者易于理解，这就需要进行交通标志的版面设计，包括每一块标志的外观、尺寸、颜色、图案的形式以及文字的大小、位置和相互关系。

(2) 交通标志结构设计

所有的交通标志都需要牢固的、稳定的支撑结构，才会在各种条件下保证交通标志能够发挥正常的作用。如果标志结构的不稳固导致标志倾覆，则会对道路上的车辆以及行人造成严重的威胁。

(3) 交通标志布设

交通标志布设是指交通标志的布置设计，解决的是在何处布置交通标志以及交通标志采用什么具体内容的问题。成功的交通标志布设可以充分发挥交通标志的诱导、指路、控制和警示作用，满足不同道路使用者的需求，将交通标志系统的功能最大化。

交通标志的设计是一个复杂的过程，为了保证设计的质量，除了要求设计人员具有专业的知识和经验外，还必须进行严密的设计组织，使设计的整个过程符合科学、合理的设计程序。一般来说，交通标志的设计包含以下程序：

①设计资料搜集;
②交通条件和道路条件的分析;
③交通标志系统设计;
④交通标志系统的复核;
⑤交通标志的版面设计;
⑥交通标志的结构设计;
⑦交通标志使用后的设计成果追踪。

9.1.2.2 指路标志

指路标志是交通标志的一个重要分支,主要起交通诱导疏通和交通管理作用。指路标志是传递道路方向、地点、距离信息的标志,是向道路使用者提供正确的、及时的道路交通信息,引导他们迅速、安全抵达目的地的必不可少的交通设施。

(1)一般规定

在快速化公路中指路标志的颜色可采用绿底白图案。指路标志的形状,除地点识别标志、里程碑、分合流标志外,为长方形和正方形。指路标志的汉字采用标准黑体(简体)。汉字高度应符合表9-1的规定,字宽与字高相等。

汉字高度与计算行车速度的关系　　　　　　　　　　表9-1

计算行车速度(km/h)	100~120	71~99	40~70	<40
汉字高度(cm)	60~70	50~60	35~50	25~30

指路标志的汉字或其他文字的间隔、行距等应符合表9-2的规定。

文字的间隔、行距等规定　　　　　　　　　　表9-2

文 字 设 置	与汉字高度 h 的关系
字间隔	$\frac{1}{10}h$ 以上
字画粗	$\frac{1}{10}h$
字行距	$\frac{1}{3}h$
距标志边缘最小距离	$\frac{2}{5}h$

(2)指路标志的设置原则

指路标志一方面应根据认知心理和心理表象学说,以人的短时记忆和即时知觉反应为基础,做好标志版面设计和设置方位的定点规划设计;另一方面要以人的空间感知和空间移动心理为基础,做好标志的空间线路和区域导向系统的规划设计。因此,交通指路标志的设置应遵循以下原则:

①连续性原则

连续性是指交通标志的设置在时空顺序上,应使交通主体从知觉上形成时空连续性、合理的预期感和一定的感知深度。在陌生复杂的交通网络中易于发现连贯的通行线路,减少和避免交通主体的运动不适、心理紧张和辨认错误。

②有序服务原则

交通标志不应是被发现、被寻找出来的,而应是符合交通主体心理预期的,是为交通主体主动提供的程序化服务。这就要求随着交通主体的前进,在交通境况变化之前出现预警和提示。在交通境况变化地点,交通标志应有规律地出现,其设置不应是杂乱无章的,其出现次序也不应是前后颠倒的。

(3)信息展示的内容与程度

指路标志的设计与设置应基于人的认知心理和习惯,确定交通导向系统表达的内容与程度:①当前方位;②预期方向及方向变换点;③减少信息处理量和行动选择数量;④提供肯定性信息;⑤对指路标志地名指向详细到何种地区行政等级的规定;⑥对指路标志地名指向详细到何种程度的规定;⑦对指路标志道路指向到何种范围的规定;⑧对指路标志跨区域指向的规定。

9.1.2.3 警告标志

警告标志是用以警告车辆驾驶员前方有危险的标志,道路使用者需谨慎行动。警告标志的前置距离一般根据道路的设计速度按表9-3选取,也可考虑所处路段的最高限制速度或运行速度等按表9-3适当调整。

警告标志前置距离一般值(m)　　　　　　表9-3

条件	减到下列速度(km/h)	设计速度(km/h)								
		40	50	60	70	80	90	100	110	120
条件A	0	*	*	30	50	80	110	130	170	200
条件B	10	*	*	*	40	60	90	120	160	190
	20	*	*	*	30	55	80	115	150	185
	30	*	*	*	*	50	70	110	140	180
	40		*	*	*	40	60	100	130	170
	50			*	*	30	40	90	120	160
	60				*	*	*	70	110	140
	70					*	*	60	90	130
	80						*	40	70	110
	90							*	50	90
	100								*	60
	110									40

注:条件A——道路使用者有可能停车后通过警告地点,典型的标志如注意信号灯标志、交叉口警告标志、铁路道口标志等。

条件B——道路使用者应减速后通过警告地点,典型的标志如急转弯标志、连续弯路标志、陡坡标志等。

*——不提具体建议值,视当地具体条件确定。

警告标志显示内容包括：①文字说明被标识对象；②距离/速度值。避险车道标志显示内容如图 9-1 所示。

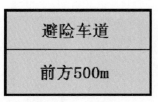

图 9-1　避险车道标志

9.1.2.4　禁令标志

禁令标志表示禁止、限制及相应解除的含义，道路使用者应严格遵守。

禁令标志布设于禁止、限制及相应解除开始路段的起点附近。对于车辆如未提前绕行则无法通行的禁令标志设置的路段，应在进入禁令路段的路口前或适当位置设置相应的预告或绕行标志。

禁令标志显示内容应为文字说明禁令标志的内容。禁止掉头标志显示内容如图 9-2 所示。

图 9-2　禁止掉头标志

9.1.2.5　旅游区标志

旅游区标志是为指引人们从快速化公路或其他道路上前往邻近的旅游区，在通往旅游景点的路口设置的标志，使旅游者能方便地识别通往旅游区的方向和距离，了解旅游项目和类别。旅游区标志分为指引标志和旅游符号两大类。

（1）旅游区标志布设规范

旅游区距离标志布设在快速化公路路段适当位置。旅游区方向标志布设在通往旅游区各连接道路的交叉口处、快速化公路出口的减速车道起点附近。

旅游符号布设在快速化公路通往旅游景点的交叉口附近，或在大型服务区内通往各旅游景点的路口。

（2）旅游区标志显示内容

①旅游区名称；

②旅游区的方向、距离。

旅游区标志如图9-3所示。

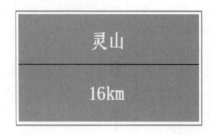 

图9-3 旅游区标志

9.1.3 交通标线设计

交通标线是由标划于路面上的各种线条、箭头、文字、立面标记等构成的一种交通安全设施，它可与交通标志配合使用，也可单独使用。路面标线是引导驾驶员视线，管制驾驶员驾车行为的重要手段，它可以确保车流分道行驶，导流交通行驶方向，指引车辆在汇合或分流前进入合适的车道，促使更好地组织交通。正确设置交通标线能合理利用公路有效面积，改善车流行驶条件，增加道路通行能力，减少交通事故。干线公路标线设计主要考虑行车安全，而市政道路标线更加侧重于行人安全。城市行人多，交通量大，交通流向更加复杂和多变，在交叉口标线设计时要配合标志设计充分考虑行人过街安全。

9.1.3.1 标线材料选择时需要考虑的因素

（1）环境因素

在我国，由于南方雨水多，昼夜温差、冬夏温差相对北方较小，可以选择热熔型等耐水性能优良的道路标线材料。热熔型标线耐久性好，但其耐污性较差，多雨水的气候正好可以弥补热熔型标线自清洁差的缺点，较小的温差有助于减轻热熔型标线的裂纹问题。而在北方，不仅要考虑到温差，还要考虑到由于雨水少所带来的标线的自清洁问题，以及在冬天除雪对标线的损害。

在污染较为严重的山西、河北等地，要考虑到一些产煤地区标线的合理选择和合理使用。这些地方路面的清洁状况很差，拉煤车辆沿途抛撒的煤炭，经车轮碾压后形成碎颗粒，在行车中对标线造成磨损；经常性超载不仅会加剧标线磨损，还会使得标线反光亮度剧减。

（2）除雪的影响

在多雪或者多山的地方，标线会经常受到来自除雪机刀片的打磨或者受到防滑链的撕裂破坏。在这些地方往往经过一个冬天，标线便不得不重新施工。在这些地方采用凹形道路标线、结构型道路标线有助于减轻在除雪中对标线造成的破坏。

(3)不同路面标线材料

①实线与虚线。

快速化公路的实线很少经受车轮的碾压,对耐磨性要求相对不高,但对标线的发光要求较高。在这种情况下,标线可以选择水基型、热熔型、双组分等类型,这3种又以双组分和水基型道路标线在使用中发光亮度随时间的推移下降较慢。同时可以采用较薄的涂层,不要拘泥于目前的2mm,0.8~1mm的涂层就足够达到实线2mm的使用寿命,较薄的涂层还可以解决二次涂敷时需除去旧标线的难题。

由于虚线经受车轮碾压的概率较大,标线的磨损相对较快,通常以耐久型标线为主(如热熔刮涂型标线)。采用耐久型标线材料可以在较长时间内保证标线的正常使用。

但是即使使用同一种标线材料,也没有必要拘泥于相同厚度。在实际标线的设计中,虚线可以厚一点,实线尽量薄一点。

②快速化公路的行车道边缘线、斑马线等可采用热熔喷涂型涂料(涂层厚度为0.7~1.0mm),能满足反光要求,且性价比最高。

③快速化公路的行车道分界线可采用耐久性标线涂料,如热熔刮涂型(涂层厚度为1.5~2.5mm)。

④快速化公路事故多发路段可采用抗滑型涂料和热熔突起型涂料。

⑤对环保要求高的快速化公路,水性涂料是最佳选择,同时该种涂料性价比好,反光性能优良。

⑥标线的厚度应根据其种类、使用位置和施工工艺从表9-4中选取。

标线的厚度范围　　　　表9-4

序　号	标线类型		标线厚度范围(mm)	备　注
1	溶剂型		0.3~0.8	湿膜
2	热熔型	普通型、反光型	0.7~2.5	干膜
		突起型	3~7	干膜,若有基线,基线的厚度为1~2mm
3	双组分		0.4~2.5	干膜
4	水性		0.3~0.8	湿膜
5	树脂防滑型		4~5	骨材粒径为2.0~3.3mm

9.1.3.2　减速标线的应用

减速标线用于警告车辆驾驶员前方应减速慢行,主要设于收费广场、出口匝道适当位置。减速标线为白色反光虚线,根据设置位置的不同,可以是单虚线、双虚线和三虚线,垂直于行车方向设置。减速标线应按以下原则配置:使驶向收费车道的车辆通过各标线间隔的时间大致相等,利于行驶速度逐步降下来(减速度为$1.8m/s^2$)。

经严格论证,较危险的路段如果设置振动型减速标线、视觉减速标线、彩色路面铺装等,可以减少交通事故的发生。为减少车辆越出路外造成的伤亡事故,减轻雨、雾、雪或沙尘对行车的影响,在路侧沿行车道边缘线可设置振动带。

(1)振动型减速标线

振动型减速标线主要设置在快速化公路主线收费广场两侧,互通收费站出口前方和出口匝道适当位置,连续急弯、下坡路段以及干线公路起终点(快速化公路出入口与一般公路的平面交叉处)、危险路段等,用于警告驾驶员前方应减速慢行。根据设置位置和作用的不同,振动型减速标线应垂直于行车方向设置,且应进行特殊设计。振动型减速标线通常与交通安全标志配合使用。如图9-4所示,这种标线厚度不小于3mm,有轻微振动感,横条线间距逐渐缩短,会产生一种车速越来越快的心理感觉,迫使驾驶员降低车速。

图9-4 振动型减速标线应用实例

(2)视觉减速标线

视觉减速标线是运用交通工程学和交通心理学原理,可以利用设置在车道边缘线的白色虚线块或采用实线,给驾驶员车道变窄的视觉效果,提醒驾驶员减速慢行,谨慎驾驶;也可以采用五边形立体设计图案,中间施划黄、蓝、白3种色彩,设置于行车道上,如图9-5所示。亮丽的警示色彩、美观的立体设计图案,能使驾驶员产生车速降低的明显感受。

图9-5 视觉减速标线

9.2　交通管理设施

（1）快速化公路应设置完善的信息采集、交通异常自动判断、交通监视、诱导、主线及匝道控制、信息处理及发布等设施。

（2）当高架、桥梁、隧道设置结构检测、养护监测等设施时，应与路段的监控系统统一规划设计，协调管理。

（3）监控、收费、通信、照明等管理设施的建设规模应根据预测交通量进行总体设计，并据此实施基础工程、地下管线及预留预埋工程等。规划、设计交通信号路口和路段应预埋过路管。

第10章 其他设施设计

10.1 管线

10.1.1 管线布设要点

(1)新建道路应按照规划位置敷设所需管线,且应埋地敷设,并符合国家现行有关标准的规定。

(2)快速化公路主线下严禁敷设纵向管线,管线宜在辅路、非机动车道、人行道、绿化带范围内敷设。管线敷设应符合《城市工程管线综合规划规范》(GB 50289—2016)等标准的规定。

(3)地上杆线应设在公路设施带内,不得侵入道路建筑限界。

(4)管线种类、管线走向、容量规模、预留接口、预埋过路管道和敷设方式应满足管线专业规划的要求,并为远期发展适当留有余地。综合安排各类管线,合理分配管道走廊,合理处理管线交叉,满足现行有关技术标准的要求。各类管线(构造物)之间水平和垂直的最小净距,应根据其类型、高程和管线损坏的后果等因素,按管线综合规划或相应标准确定。

(5)快速化公路下管线的沟槽回填必须达到公路路基压实度要求。

(6)管线与高架、桥梁或隧道合并敷设和管线跨越高架、桥梁或隧道敷设时,必须符合现行有关技术标准的规定。

(7)快速化公路范围内输送流体的管渠系统应保证其严密性,防止渗漏。输送腐蚀性流体的管渠系统还应耐腐蚀,严禁泄漏。

10.1.2 管线平面设计基本要求

(1)减少交通干扰。

(2)城市工程管线原则上应布置在人行道、非机动车道或绿化带下。管线应力求线形顺直、路径短和适当集中。

(3)减少管道穿越道路。

(4)设计时应尽量减少管线间的横穿,尽量减少转弯,除雨水、污水管外,其余管线如需穿越道路应尽量集中过路,使管线之间及管线与道路之间尽量减少交叉。

(5) 应根据各类管线的不同特性和设置要求综合布置,避免影响建筑物安全,防止管线受腐蚀、振动及重压,间距应符合《城市工程管线综合规划规范》(GB 50289—2016)的要求。

(6) 工程管线之间最小水平净距及垂直净距应符合《城市工程管线综合规划规范》(GB 50289—2016)的相关规定。部分管线若受道路宽度、断面以及现有工程管线位置等因素限制难以满足要求,则专业管线设计时应根据实际情况采取安全保护措施。

10.1.3 管线竖向综合设置基本要求

(1) 工程管线埋设深度

给水管线埋设深度通常为1.0~1.5m;污水管线在道路上的最小起始埋设深度应控制在2.0~2.5m之间;雨水管线在道路上的最小起始埋设深度应控制在1.6~2.0m之间;电力管最小覆土深度人行道及绿化带下应控制在0.5m,行车道下应控制在0.7m;通信排管最小覆土深度在人行道下应控制在0.6m;燃气管最小覆土深度应控制在0.7m以上,再生水管最小覆土深度应控制在0.7m以上。以上管线在道路上的具体埋设深度应进一步结合道路管线综合规划确定。

(2) 管线避让原则

当工程管线竖向位置发生矛盾时,宜按下列原则进行避让处理:新建管线让已建管线,临时性管线让永久性管线,小口径管线让大口径管线,压力管让重力流管,易弯曲管让不易弯曲管,分支管让主干管;技术要求低的管线让技术要求高的管线。

(3) 管线垂直间距控制及交叉处理

根据《城市工程管线综合规划规范》(GB 50289—2016),一般市政管线之间的最小垂直净距为0.15m,个别管线如电力管沟与其他管线最小垂直净距为0.5m。管线在高程上不能满足规范要求时,应采取避让处理。

由于污水和雨水管线均为重力流管,因此,设计时应严格控制排水管线的控制点高程,在满足受水范围接管要求的情况下,尽可能减小管道埋深,既提高了经济效益,又为其他管线提供了宝贵的高程空间。其他管道由上而下按照电力、通信、燃气、给水等合理布局,遵循管线避让原则,加强竖向间协调,避免相互间的干扰影响。

10.2 排水

(1) 快速化公路排水设计应以总体规划和排水专业规划为主要依据,符合现行有关标准的规定,满足城市防洪的要求。

(2) 快速化公路路面应根据公路所在区域和公路级别采用适当的路面排水方式。路面水必须采取可靠的排除措施,应保证路面水迅速排除。

(3) 当快速化公路的地下水可能对其造成不良影响时,应采取适当的排除或者阻隔措施,其结构层内可根据需要采取适当的排水或隔水措施。

(4)快速化公路雨水口的形式、设置间距和泄水能力应满足公路排水要求。雨水口的布置方式应确保有效收集雨水,雨水不应流入路口范围,不应横向流过行车道,不应由路面流入桥面或隧道。一般路段应以适当间距设置雨水口,路面低洼点应设置雨水口,易积水低端的雨水口宜适当加大泄水能力。

(5)隧道内需将结构渗透水、地面冲洗废水和消防废水等排至洞外时,应设置排水设施;当洞外水可能进入隧道内时,洞口上方应设置截水、排水设施。

(6)排水设计应符合《室外排水设计标准》(GB 50014—2021)的规定。

10.3 照明

10.3.1 路灯布置及灯具式样

路灯的布置方式主要有单侧布置、双侧交错布置、双侧对称布置、中心对称布置和横向悬索布置5种。随着城市道路的不断拓宽,平交路口转弯半径越来越大,根据《城市道路照明设计标准》(CJJ 45—2015)的有关要求,平交路口平均照度要比直线路段提高50%,按照常规的路灯布置方式,显然达不到照度和均匀度要求,应根据路口的有效面积,通过计算满足照度、照度均匀度及功率密度值,选择合理的布灯方式及灯具样式。一般来讲,在平交路口转弯半径中心点设计中杆投光照明是一种比较合理的布置方式。

路灯作为功能性照明,其设计选型应遵循以突出照明功能为主,兼顾其装饰效果的原则。但目前在我国许多城市的道路照明设计施工中,还存在盲目追求视觉效果的现象。例如,一些一块板的道路行车道外侧即为绿化带,路灯的布置方式采用双侧对称布置,却选用双悬臂路灯,使绿化带侧路灯无效运行,造成建设投资成本的提高和能源浪费。因此,道路照明设计依据《城市道路照明设计标准》(CJJ 45—2015),在确保照度和均匀度要求的基础上,按照道路结构形式不同,分别设计路灯式样,使其路灯造型更加经济合理。

10.3.2 路灯安装高度

路灯安装高度与路灯间距、照度、均匀度有着直接的关系,在实际设计操作中,在满足《城市道路照明设计标准》(CJJ 45—2015)参数的同时,还应考虑以下3点:①单侧布置时适用路宽没有上限值,如果较宽道路采用单侧布置,则按 H(路灯安装高度)$\geq 1.2W_{eff}$(道路有效宽度)设计,路灯安装高度会过高;②双侧布置对适用路宽没有下限值,如果较窄道路采用双侧布置,就会造成资源浪费;③宽幅和超宽幅道路采用双侧布置,按 $H \geq 0.6W_{eff}$ 设计,路灯安装高度也会过高。目前我国灯具制造行业的灯具配光参数中,灯具安装高度不应大于15m,在设计时应遵循以下原则:

(1) 当路灯安装高度为 15m 时,单侧布置适用道路有效宽度不应超过 12.5m。道路有效宽度小于 12.5m 时,按 $H \geqslant 1.2W_{eff}$ 设计路灯安装高度,根据灯具横向配光设计其悬臂长度和仰角。

(2) 当道路有效宽度大于 12.5m 且小于 25m 时,应采用双侧布置,双侧对称布置按 $H \geqslant 0.6W_{eff}$ 设计路灯安装高度,双侧交错布置按 $H \geqslant 0.8W_{eff}$ 设计路灯安装高度。

(3) 当道路有效宽度大于 25m 时,路灯安装高度按 15m 设计,采用双光源灯具,靠近道路中心线的光源灯具反射器仰角适当加大。

10.3.3 照明控制

道路照明的控制方式主要有:模拟日照时间控制、无线远程集中控制和单灯智能控制,在设计时应根据当地的实际情况选择。

(1) 模拟日照时间控制。模拟日照时间控制是根据各地经纬度,模拟日出日落时间控制路灯的一种控制方式。目前,这种控制方式在一些小城市还在应用,其缺点为:①控制时间虽然模拟了日出日落时间,但仍然误差较大,需要随季节人工进行修正;②工作人员无法随时掌握各控制点的工作状态。因此,在道路照明控制设计时尽量不要采用这种控制方式。

(2) 无线远程集中控制。无线远程集中控制是我国大部分城市普遍采用的一种道路照明控制方式。尽管各生产商的产品在通信方式上有所不同,但工作机理与功能基本相同。这种控制方式能实时将控制点的开关状态、电压、电流、电量、功率因数等信息及时采集回传监控中心,并将这些信息保留,从而方便工作人员及时掌握各控制点的工作状态和日后查询或对故障进行分析。因此,在道路照明控制设计时应尽可能采用此种控制方式。

(3) 单灯智能控制。顾名思义,就是对城市的每一盏路灯进行单独控制的一种方式。单灯智能控制是以无线远程集中控制平台为基础开发的一种延伸控制方式,在每一盏灯杆上安装一个单灯智能控制终端,通过 ZigBee(低速短距离传输无线网络协议)通信技术或电力载波通信方式与各控制点数据服务器进行数据双向传输,再通过无线远程集中控制终端无线通信模块与监控中心进行数据连接。这种控制方式不但能对各控制点的工作状态进行监控,而且能对单灯进行监控,还可以通过单灯智能控制终端进行变功率控制,是一种具有前瞻性的道路照明控制系统。在道路照明控制设计时,如条件允许,可采用单灯智能控制方式。

10.3.4 照明设计要点

(1) 快速化公路照明工程应遵循安全可靠、技术先进、经济合理、节能环保、维修方便的原则。照明设施维护及管理应符合现行有关标准的规定。

（2）快速化公路照明应满足平均亮度、亮度均匀度、眩光限制和诱导性指标的要求。此外，快速化公路设施还应具有良好的诱导性。

（3）曲线路段、主线立体交叉、辅路平面交叉、高架、桥梁、坡道、广场、停车场等特殊地点应比平直路段连续照明的亮度高、眩光限制严、诱导性好。

（4）快速化公路照明应根据所在地区的地理位置和季节变化合理确定开关灯时间，并应根据天空亮度变化进行必要修正。宜采用光控和时控相结合的智能控制方式，有条件时宜采用集中遥控系统。

（5）快速化公路照明设施选型应与公路景观相协调。

（6）中间带宜设置防眩设施，无防眩设施时应设置照明。

（7）道路照明设计应符合《城市道路照明设计标准》（CJJ 45—2015）的规定。

第11章　国省干线公路快速化建设行业管理研究

11.1　研究原则和目标

(1) 指导思想

按照"高质量发展"要求,以"建设人民满意公路"为核心,紧密结合公路转型发展要求,基于公路深层次改革方案和快速化公路管理需求,通过对快速化公路建设与管理过程中多方职责的梳理和明确,理顺多环节和业务关系,有效指导和规范江苏省快速化公路建设与管理工作,为实现"强富美高"新江苏服务,为交通强国下的公路先行探索途径、积累经验。

(2) 研究原则

快速化公路建设与管理应当遵循"延续性、融合性、全局性"原则。具体内容见本书附录 A。

(3) 研究目标

按照公路和城市道路事权划分、事权和支出责任相匹配的道路分级管理制度等方面的要求,科学界定快速化公路建设与管理过程中各级政府、交通部门、市政部门、公路管理机构等相关单位和部门所承担的职责和义务,逐步形成符合江苏省实际需求的快速化公路建设与管理全流程指导意见,形成职权清晰的快速化公路管理体系,为全省快速化公路的全面建设和推广提供强有力的支撑。

11.2　行业管理研究

11.2.1　快速化公路的定义

普通国省道公路的快速化是指城镇化地区新建和改建普通国省道公路,兼顾城市道路的功能,通过设置主辅路、控制出入等手段分离过境及集散交通,实现连续、快速交通流。

11.2.2　快速化公路采用的主要技术标准

总结全省经验,确定快速化公路主线的设计标准为一级公路,设计速度多采用 80~100km/h,受用地、地形等条件限制时,采用 60km/h;辅路的设计速度多为主线的 40%~60%。

11.2.3 快速化公路建设和管理中面临的主要问题

(1)建设管理方面

一是快速化公路规划的主管和审批单位有待明确。收集全省资料可以发现,各市开展快速化公路规划,有交通部门主管的,也有规划部门负责的,审批单位也未完全统一,造成后期交通部门实施时又出现意见不统一的情况,易人为拉长建设周期。为确保快速化公路规划和建设的衔接、协调,需要对快速化公路规划的主管和审批单位做进一步明确。二是快速化公路建设的前期审批流程有待完善。各市在进行快速化公路建设的前期工作时,有在地市层面立项的(如徐州的三环路),也有到省级立项的(如南京的江北大道),为加强对快速化公路建设的行业指导和监督,提升公路建设质量和效益,需统一快速化公路建设的前期审批流程,明确审批单位。三是快速化公路项目设计的内容有待统一。从编制办法上看,公路的设计内容和城市快速化的设计内容是存在差异的,兼具两者优势的快速化公路项目在先期建设摸索中,因设计内容不足而后补的情况较为常见,易造成重复施工甚至是资源浪费,所以需要在设计之初就统一快速化公路项目设计的内容,明确设计的要求。四是快速化公路建设资金的筹措有待确定。快速化公路作为新出现的建设模式,对比一级公路建设难度大、投资单价高,建设资金来源有待明确,特别是省补政策的确定有助于地方快速完成建设资金的筹措工作,加速快速化公路的建设进度。

(2)养护管理方面

一是快速化公路管养主体和界面的划分原则有待统一。从全省看,快速化公路管养主体和界面的划分各市不尽相同,有交通部门负责主辅路的,也有交通部门负责主线、市政部门负责辅路的(如南京市),还有市政部门负责主线、交通部门负责辅路的(如苏州市),各市管养界面划分的差异易影响到公路养护资金筹措和养护工程的质量,甚至影响到国省道公路的使用寿命,因此亟须统一规定快速化公路管养主体和界面划分的原则,帮助各市进行管养责任清晰分界。二是快速化公路养护资金的筹措有待确定。快速化公路交通流量集中,养护难度高,资金需求量大,养护资金来源有待明确,特别是省补政策的确定有助于地方快速完成养护资金的筹措工作,保障快速化公路的使用状况良好,充分发挥其在路网中的功能。

(3)路政管理方面

一是快速化公路建设控制区范围划定难,给路政管理带来困扰。公路建设控制区范围就是路政管理的法定范围,常规的公路断面能够按照《公路安全保护条例》要求划定理论上的建设控制区范围,但快速化公路是崭新的模式——主辅路并存,主辅路又分为平面式、高架式和隧道式等,主辅路并存的情况下公路断面分界难必然给公路建设控制区划定带来困扰,从而给路政管理工作带来界限不清的难题。二是快速化公路限速设置和变更的相对随意给路政管理提出难题。快速化公路建成后同样因为管养界面划分不清,造成限速设置和变更相对随意,交通部门很多情况下是后知后觉,这会影响到交通部门路政管理工作的正常开展。

11.2.4　江苏省国省干线公路快速化建设与管理的政策建议

结合快速化公路建设现状,参考相关法律、法规、行政政策、管理办法等,针对研究目标,从解决快速化公路建设和管理中面临的主要问题角度出发,形成《江苏省普通国省道公路快速化建设与管理指导意见》,供相关建设、管理部门参考。文件具体内容见本书附录A。

附录 A　江苏省普通国省道公路快速化建设与管理指导意见

第一章　总　则

第一条　为规范推进我省普通国省道公路快速化建设与管理，深入贯彻十九大提出的交通强国战略目标，结合普通国省道公路快速化发展形势，在普通国省道公路现行法律、法规和行政政策基础上，特制定本指导意见，供相关建设、管理部门参考。

第二条　在本省行政区域内参与规划、建设、养护和管理普通国省道公路快速化的单位，可参照本指导意见执行。

第三条　普通国省道公路快速化（以下简称快速化公路），是指城镇化地区新建和改建普通国省道公路，兼顾城市道路的功能，通过设置主辅路、控制出入等手段分离过境及集散交通，实现连续、快速交通流。

第四条　快速化公路建设与管理应当遵循"延续性、融合性、全局性"原则。

延续性原则：快速化公路作为普通国省道公路发展的新模式，在规划、设计、建设、养护和管理等方面总体上应继承和延续现有普通国省道公路的相关法律、法规和行政管理政策。

融合性原则：为充分发挥快速化公路在城镇体系建设、产业布局优化、新型城镇化进程中的基础性和服务性功能，应在现有管理框架下，把握公路发展长远需求，建立更加融合和综合的管理机制。

全局性原则：快速化公路建设与管理是一项复杂的系统工程，应兼顾不同区域、不同层级、不同部门对快速化公路规划、设计、建设、养护和管理等全局性的需求。

第二章　建设管理

第五条　快速化公路建设项目应符合相关规划及《江苏省普通国省道公路快速化建设设计技术指南》所规定的建设条件。

快速化公路建设管理程序应按照有关法律、法规、行政政策和《江苏省公路条例》的规定执行。

第六条　各设区市的交通运输主管部门应负责编制辖区内的快速化公路规划。

规划成果应做好与城市总体规划、城镇体系规划、土地利用规划和环境保护规划等的衔接协调。规划成果在取得省级交通运输主管部门同意后,依法报各设区市的人民政府审批。

第七条 快速化公路设计应符合国家、行业和省公路工程技术规范,并符合《江苏省普通国省道公路快速化建设设计技术指南》。

快速化公路原则上主辅路应一体化设计、一体化审批、一体化建设。

第八条 对于快速化公路建设所使用土地,建设单位应严格按照基本建设程序办理用地手续。

快速化公路建设所征收土地、房屋的补偿、安置,按照法律、法规的规定执行。应当支付的安置补偿费用,任何部门和单位不得截留、挪用。

第九条 建设单位应按照基本建设程序开展快速化公路前期研究,在成果提交相关审批单位审批前,应通过省级交通运输主管部门的行业审查。

原则上建设单位应在工程可行性研究阶段明确快速化公路建设主体及模式、资金来源和管养主体及界面等,并一并提交至相关审批单位备案。

第十条 建设单位应根据快速化公路规划,依照国省道网管理要求以及国家、省相关规定,同步建设快速化公路通信、监测(含交通量观测、视频监控、气象监测、超限检测及其网络通信等)、收费系统以及管理、服务等沿线设施,相关设计应一并纳入设计文件,相关费用应纳入工程投资。

第十一条 快速化公路建设项目,缺陷责任期内应由建设单位履行管养责任,竣工验收后建设单位应严格按照《江苏省普通国省道移交和接养管理办法》办理移交和接养手续。

第十二条 各设区市的交通运输主管部门应构建辖区内快速化公路建设项目库,强化"五三一"管理体系,即实行五年建设规划、三年滚动计划、年度建设计划的三级管理,统筹指导辖区内快速化公路建设项目的配套资金和时序安排。

第十三条 快速化公路建设沿用我省现行普通国省道公路建设补助标准,其中列入中央车购税计划项目执行交通运输部补助政策。

第三章 养护管理

第十四条 依据第九条明确的快速化公路管养主体及界面,养护管理中应予以沿用。原则上,快速化公路建设后的主线部分(含公路主体、通信、监测、收费系统以及管理、服务设施等)由交通运输主管部门履行管养责任,辅路及市政设施(含侧分带、非机动车道、人行道、机动车道右侧缘石外的排水设施、绿化及路灯等)交由市政部门管养。

若因行政区划调整,城市总体规划或城镇体系规划变动确需调整快速化公路管养界面的,由设区市的交通运输主管部门会同项目所在地的县(市、区)人民政府协商确定。

第十五条　养护管理单位应当按照相应的养护规程对管养段落加强养护巡查和检测,发现技术状况不达标的,应按照相应的养护规程实施养护;发现设施损坏影响安全通行的,应及时设置警示、警告标志,组织抢修或者采取措施排除险情。

在快速化公路上进行养护作业,应严格执行国家、省和地方有关标准和规定,同步设置施工和安全标志。

第十六条　快速化公路主线养护资金以省为主,不足部分养护管理单位可向各设区市、县(市、区)财政申请或通过社会化手段进行筹集。

各设区市的交通运输主管部门应制定辖区内养护定额标准,作为申请地方财政拨付的依据。

第四章　路　政　管　理

第十七条　快速化公路建筑控制区范围应严格按照《公路安全保护条例》相关规定划定：

建筑控制区的范围从公路用地外缘起向外的距离,国道不少于20m,省道不少于15m;

公路弯道内侧、互通式立体交叉以及平面交叉道口的建筑控制区范围根据安全视距等要求确定;

公路建筑控制区与铁路线路安全保护区、航道保护范围、河道管理范围或者水工程管理和保护范围重叠的,经公路管理机构和铁路管理机构、航道管理机构、水行政主管部门或者流域管理机构协商后划定。

第十八条　快速化公路用地、建筑控制区范围内移动、拆除桥梁、渡槽、管线、电缆等设施的相关单位和个人应提前办理路政许可手续,并按照不低于该设施原有的技术标准予以修复,或者给予相应的经济补偿。

第十九条　快速化公路桥梁的桥下空间和涵洞内有堆积物、搭建设施的,路政管理单位应及时组织清除;当事人阻挠清除或者涉及路产损失的,路政管理单位应书面函告辖区相关执法机构处理。

第二十条　快速化公路上的涉路施工、超限运输管理、路政许可等,参照《中华人民共和国公路法》《公路安全保护条例》《江苏省公路条例》等相关法律法规执行。

第二十一条　快速化公路上的车道限速标志标线由各设区市的交通运输主管部门设置和变更,严格执行国、省相关标准和技术规范,并达到道路交通安全畅通等有关管理规定的要求。

第五章 附　　则

第二十二条 国家、省及地方法律、法规对快速化公路建设与管理有特别规定的,从其规定。

第二十三条 设区市的交通运输主管部门可以根据本指导意见,结合地区实际,制定辖区内快速化公路建设和管理相关实施办法,并报省级交通运输主管部门备案。

附录 B 江苏省普通国省道公路快速化建设设计技术指南

1 总则

1.1 目的

本指南立足于江苏省,针对普通国省道公路途经各个城市节点在实际运营管理过程中出现的拥堵、安全等问题,提出合理可行的快速化建设技术标准,建立适用于普通国省道公路快速化建设的理论体系,指导并推动国省道公路快速化建设项目的开展,充分发挥国省道公路的社会效益和经济效益。

结合江苏省区域特点和交通现代化对普通国省道公路的要求,总结普通国省道公路快速化建设的相关技术,根据国家和行业现行有关标准、规范等制定本指南,以方便业内人士参考和使用。

1.2 适用范围

本指南适用于江苏省普通国省道公路快速化建设工程的工程可行性研究、初步设计、施工图设计等阶段。

1.3 主要内容

普通国省道公路快速化建设条件;快速化建设设计标准;道路平纵横设计指标;交叉设计;道路及交通附属设施等。

1.4 依据

本指南依据《公路工程技术标准》(JTG B01—2014)、《公路路线设计规范》(JTG D20—2017)、《公路立体交叉设计细则》(JTG/T D21—2014)、《城市道路工程设计规范(2016年版)》(CJJ 37—2012)、《城市道路路线设计规范》(CJJ 193—2012)、《城市快速路设计规程》(CJJ 129—2009)、《城市道路交叉口设计规程》(CJJ 152—2010)、《公路隧道设计规范 第一册 土建工程》(JTG 3370.1—2018)、《江苏省普通国省干线公路勘察设计指南(2016年版)》等有关标准、规范制定而成。

1.5 使用说明

江苏省普通国省道公路快速化建设设计项目,除应执行本指南要求外,还应执行国家和行业现行有关标准、规范的规定。

2 术语

2.1 国省道公路快速化建设

新建或改扩建原有国省道公路,使其适应城市及周边地区的快速安全出行需求。

2.2 快速化公路

处于郊区城市建设用地范围内或城镇绵延带上的国省道公路,兼顾城市道路的功能,通过设置主辅路、控制出入口等手段分离过境及集散交通,实现连续、快速交通流。

2.3 主线

快速化公路中与辅路分隔,供机动车快速通过的道路。

2.4 辅路

集散快速化公路主线交通,设置在快速化公路主线的一侧或两侧,单向或双向行驶交通,可间断或连续设置的道路。

2.5 出入口

供车辆驶出或进入快速化公路的单向交通口,设置于快速化公路右侧,一般通过互通式立体交叉匝道、高架桥匝道、辅路连接。

2.6 接入管理

一种对接入车道、中央分隔带开口以及连接干道的次要道路进行系统管理与控制的方法,包括它们的位置、空间、设计以及控制方式;也涉及干道上主辅车道几何线形以及交通、信号的设计。

3 基本规定

3.1 国省道公路快速化建设条件

(1)快速化建设应根据全省和各地市路网结构、交通特性、建设目标和城市发展规划论证确定。

(2)以道路服务水平、道路安全水平和交通特征确定快速化建设建议指标,见附表B-1,任意一项指标满足要求,可进行快速化建设。

(3)以城市空间结构与城市发展水平确定快速化建设参考指标,见附表B-1,任意一项指标满足要求,可开展快速化建设论证。

(4)连接机场、港口等重要或具有特殊功能的国省道公路,可根据功能需求开展快速化建设论证。

快速化建设条件　　　　　　　　　　　附表B-1

建议指标	道路服务水平	基本路段	密度[pcu/(km·ln)]	>32
			平均速度(km/h)	<44
			饱和度 v/C	>0.7
		信号交叉口	控制延误(s/veh)	>50
			负荷度	>0.8
			排队长度(m)	>80
	道路安全水平	每年每百公里事故发生率[次/(100km·年)]		>12.7
		每年每百公里事故死亡率[人/(100km·年)]		>4.2
参考指标	城市空间结构	就业中心通勤者平均单程通勤时耗(min)		>31.42
		就业中心与主中心的最短道路里程(km)		>7.15
		就业中心街道的就业岗位密度(人/hm²)的自然对数		>4.07
	城市发展水平	城市化水平年均增长率(%)		1~3
		城镇建设用地年平均增长率(%)		2~5
		地区生产总值增长率(%)		>7

3.2 技术标准

快速化公路主线的设计标准为一级公路,设计速度宜采用80km/h或100km/h,受用地、地形等条件限制时,可采用60km/h;辅路的设计速度宜为主线的40%~60%。

3.3 快速化公路用地

若条件许可,快速化公路的用地范围可适当扩大。

3.4 交通需求预测

（1）应充分考虑走廊带范围内远期社会、经济发展规划和综合运输体系的影响。

（2）应充分考虑城市交通需求，对城市内部中、短距离交通转换等因素进行充分论证。

（3）应考虑方向不均匀系数、高峰小时系数等设计参数。

（4）应充分考虑重载交通对交通流的影响。

3.5 桥涵、隧道设计标准

（1）快速化公路新建、改扩建永久性桥涵的设计标准，应符合《公路桥涵设计通用规范》（JTG D60—2015）等有关标准的规定。

（2）快速化公路新建、改扩建永久性隧道的设计标准，应符合《公路隧道设计规范 第一册 土建工程》（JTG 3370.1—2018）等有关标准的规定。

3.6 抗震标准

（1）地震动峰值加速度等于 0.05g 地区的公路工程，除有特殊要求，可采用简易设防。

（2）地震动峰值加速度等于 0.10g 地区的公路工程，应进行抗震设计。

（3）重要或特大型工程应进行专门的抗震研究和设计。

4 总体设计

4.1 一般规定

（1）设计应与城市及路网规划相结合，考虑红线等影响因素，因地制宜。

（2）设计应协调好各专业间的相互关系，确定总体及分项专业的技术标准、建设规模、主要技术指标和设计方案。

（3）路线设计应合理利用老路，减少对沿线建筑及生态环境的影响，并做好防护、排水等设计，防止水土流水，保护环境，使快速化公路工程建设融入城市和自然。

（4）确定与作为控制点的高架、桥梁、隧道等的连接位置、规模和间距，应符合功能、安全、服务所需的最小（或最大）距离。

（5）在设计指标发生突变后，应设置足够长度的过渡段，以保证行车安全。

（6）对于分期修建的工程，必须在按远期规划的技术标准进行总体设计的基础上，确定分期修建方案，并进行相应的设计。

4.2 环境保护与安全评价

(1)应坚持保护优先、以防为主、以治为辅、综合治理的原则,严格执行工程建设项目环境影响评价、水土保持方案编制和环境保护"三同时"制度,在总体设计中落实环境保护相关措施和意见,结合项目实际协调好公路建设与环境的关系,减少对环境的不利影响。

(2)快速化公路建设应运用运行速度方法,对路线设计、几何指标和线形组合设计进行分析检验,检验运行速度的协调性和一致性。

(3)快速化公路建设应在设计阶段进行交通安全评价,根据交通安全评价结论,对线形设计、几何指标取用等进行调整优化,对交通安全设施及管理措施进行检查完善。

5 横断面设计

(1)快速化公路断面主要采用地面式(附图 B-1)、高架式(附图 B-2、附图 B-3)和隧道式(附图 B-4)三种断面形式。

①地面式:适用于规划红线较宽、横向交叉道路间距较大的地区,适用于新建城区用地比较富余或城市改造拆迁较少的路段。

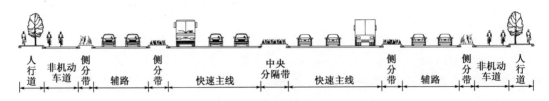

附图 B-1　整体式——主辅路横断面设计形式(地面式)

②高架式:适应于规划红线较窄、拆迁困难、横向沟通较密集、建设条件受限的路段。

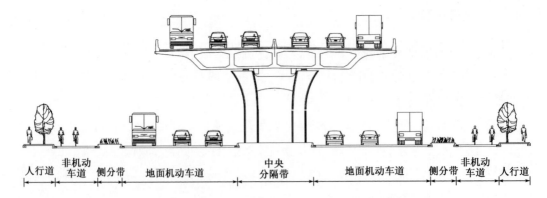

附图 B-2　高架与地面结合横断面设计形式一(整体式高架)

③隧道式:适用于规划红线较窄、拆迁困难、横向沟通较密集、建设条件受限,或对景观、环境要求较高的路段。

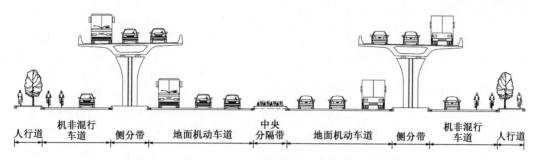

附图 B-3 高架与地面结合横断面设计形式二(分离式高架)

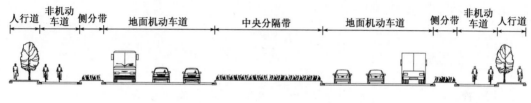

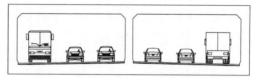

附图 B-4 隧道与地面结合横断面设计形式

(2)机动车车道宽度依据设计速度确定：

设计速度≤60km/h 时，车道宽度可取 3.5m；

设计速度>60km/h 时，车道宽度可取 3.75m。

双向八车道及以上断面，内侧车道(内侧第 1、2 车道)仅限小客车通行时，车道宽度可取 3.5m。

双向六车道断面，内侧车道仅限小客车通行时，车道宽度可取 3.5m。

以通行中、小型客运车辆为主且设计速度为 80km/h 及以上的公路，经论证内侧车道宽度可采用 3.5m。

(3)非机动车道宽度设置见附表 B-2。

一条非机动车道宽度　　　　　　　　　　　附表 B-2

车辆种类	自行车	三轮车	助动车
非机动车道宽度(m)	1.0	2.0	1.5~2.0

(4)与机动车道合并设置的非机动车道，车道数单向不应小于 2 条，宽度不应小于 2.5m。

(5)非机动车专用道路面宽度应包括车道宽度及两侧路缘带宽度，单向不宜小于 3.5m，双向不宜小于 4.5m。

(6)人行道设置宽度一般值为3.0m,最小值为2.0m。

(7)快速化公路应设置硬路肩,其最小宽度一般值设置为3.0m,最小值为2.0m。满足以下条件者,经论证,可不设置硬路肩:

①地面式断面,主线单向机动车道数不少于3条。

②高架式断面,主线单向机动车道数不少于3条,且出入口间距小于2.0km。

③隧道式断面,主线单向机动车道数不少于3条,且隧道长度小于1.0km。

(8)快速化公路应设置中央隔离设施。

6 线形设计

6.1 平面设计

(1)直线长度

①反向圆曲线间最小直线长度(以m计)以不小于设计速度(以km/h计)的2倍为宜;条件受限时可适当放宽,但不应小于3s的行程长度。

②同向圆曲线间最小直线长度(以m计)以不小于设计速度(以km/h计)的6倍为宜;条件受限时可适当放宽,但不应小于设计速度(以km/h计)的3倍。

③直线段最大长度不宜过长;条件受限采用长直线时,应通过增加路侧景观设计的丰富性等措施避免驾驶员在长直线段行驶时产生疲劳。

(2)圆曲线半径

完全利用老路平面线形段,可完全利用老路的圆曲线线形;老路线形调整优化段,考虑国省道公路快速化建设后运行速度的提升,参照《公路路线设计规范》(JTG D20—2017)执行,但需要考虑技术指标的连续,指标协调过渡。

(3)回旋线

回旋线取值参照《公路路线设计规范》(JTG D20—2017)执行。

(4)超高

道路新建段最大超高横坡度规定如下:

设计速度取100km/h、80km/h时为4.0%~6.0%,设计速度取60km/h时为4.0%;老路利用段现有超高经论证可保留。

(5)加宽

加宽取值参照《公路路线设计规范》(JTG D20—2017)执行。如条件许可,可适当增加加宽值。

(6)停车视距

停车视距应不小于附表B-3的规定。

停 车 视 距				附表 B-3
设计速度(km/h)	100	80		60
停车视距(m)	160	110		75

(7) 识别视距

识别视距应不小于附表 B-4 的规定。

识 别 视 距				附表 B-4
设计速度(km/h)	100	80		60
识别视距(m)	220(380)	230(300)		170(240)

注:括号中为行车环境复杂、路侧出口提示信息较多时应采用的视距值。

6.2 纵断面设计

(1) 纵坡坡度

主线的最小纵坡不宜小于0.3%;最大纵坡对应不同的速度,取值为3%~5%,受地形条件或其他特殊情况限制时,经技术经济论证后,极限值可增加1%。

机非混行或采用分隔栏的辅路纵坡不宜大于2.5%;机非分离的辅路(仅指采用分隔栏或绿化带进行物理分离的路段,用标线分离的路段视为机非混行)的机动车道纵坡参照《城市道路工程设计规范(2016年版)》(CJJ 37—2012)执行,非机动车道纵坡不宜大于2.5%。

隧道内应考虑行车安全性、运营通风规模、施工作业效率和排水要求,隧道纵坡不应小于0.3%;一般情况不应大于3%;受地形限制时,中、短隧道可适当加大,但不宜大于4%。

(2) 纵坡坡长

最大纵坡坡长应符合附表 B-5 的规定。当交通组成中轻型车比例较高且突破最大坡长指标可以显著降低工程造价时,可适当放宽对坡长的限制,但应满足现行《公路路线设计规范》(JTG D20)对最大坡长的要求。

纵 坡 最 大 坡 长									附表 B-5
设计速度(km/h)	100			80			60		
最大纵坡(%)	3	3.5	4	4	4.5	5	5	5.5	6
最大坡长(m)	1000	850	700	900	750	600	800	600	400

(3) 竖曲线取值参照《公路路线设计规范》(JTG D20—2017)执行。

(4) 路线合成坡度应小于附表 B-6 的规定。

最 大 合 成 坡 度				附表 B-6
设计速度(km/h)	100	80		60
合成坡度(%)	8.0	8.0		7.5

7 道路接入优化设计

7.1 一般路段接入

(1)一般路段道路接入设计要满足停车视距、引道视距和安全交叉视距的要求。

(2)在道路沿线开口众多时,宜采取封闭、合并的措施来控制接入道路的数目,靠近快速化公路的单位或企业的出入口应尽量共用开口。

7.2 平面交叉口功能区接入

(1)平交口处接入设计宜合并功能区内过多的接入口,将合并而成的道路接入口设置于交叉口功能区之外。

(2)平交口处接入设计应根据主线交通量的大小对双向接入道路进行出入控制管理,主要包括禁止左进、禁止左出和禁止左进左出等。

(3)当交叉口进口道两侧各有一个接入道路时,应主要考虑交叉口主要道路上的交通流,合理安排接入道路的接入顺序。

(4)平交口处左转是交通冲突点出现最频繁的一个方向,应把交叉口的左转车和其他车辆适当分离开来,保证交叉口运行效率和安全。

(5)中央分隔带掉头开口尽量远离平交口,减少平交口转向车辆与掉头车辆之间的交通冲突和阻滞。

7.3 主辅路出入口设计

(1)地面式主辅路出口设计需根据主线出口流量及辅路流量选择恰当的出口布置形式及宽度。入口设计需考虑辅路驶入车辆对主线车流产生的影响。

(2)车辆从主线出口驶出进入辅路附加车道的行车轨迹为 S 形曲线,应选择合适的出口宽度及出口线形,以保证行车安全。

(3)为保证出口通行效率与安全性,需设置合理的附加车道长度。在考虑实际道路几何条件及交通状况的条件下,辅路附加车道长度宜为 100~120m。

(4)辅路临近入口路段存在交通紊乱、速度不稳定的状况,宜对入口路段的标志标线进行优化:

①依据识别视距要求前移入口提醒标志,减少辅路车辆因视认不及时匆忙换道的现象。

②辅路路口处可采用"外实内虚"标线,减少辅路外侧车道车辆一次变换多条车道。

(5)主辅路出入口间距应大于或等于附表 B-7 的规定。

出入口最小间距(m) 附表 B-7

主线设计速度 (km/h)	出入口形式			
	出口-出口形式	出口-入口形式	入口-入口形式	入口-出口形式
100	760	260	760	1270
80	610	210	610	1020
60	460	160	460	760

注：条件受限时，入口-出口形式的最小间距为：100km/h 主线设计速度可采用 1020m，80km/h 主线设计速度可采用 760m。

（6）当主辅路出入口间距不能满足附表 B-7 的规定时，宜增设辅助车道，或增设至少 2 条车道的集散车道，与主线行车道之间应设物体分割。

8 交叉设计

8.1 辅路平面交叉设计

（1）辅路平面交叉设置条件
①快速化公路辅路与其他快速化公路辅路相交。
②快速化公路辅路与作为集散公路的二级公路或三、四级公路相交。
③快速化公路辅路与城市次干路、支路相交。
（2）交通管理方式
辅路平面交叉宜采用信号控制交通管理方式。
（3）平面交叉设计速度
①平面交叉范围内主线的设计速度宜与路段设计速度相同。
②两相交道路的功能、等级相同或交通量相近时，平面交叉范围内的直行车道的设计速度可适当降低，但不应低于路段的 70%。
③次要道路因交角等原因改线或因条件受限采用较低的线形指标时，可适当降低设计速度。
④转弯车道的设计速度应根据路段设计速度、交通量、交叉类型、交通管理方式和用地情况等因素综合确定。
（4）平面交叉最小间距
平面交叉最小间距应符合附表 B-8 的规定。

平面交叉最小间距 附表 B-8

公路功能	干线公路		集散公路
	一般值	最小值	
间距(m)	1000	500	300

8.2 立体交叉设计

8.2.1 立体交叉设置条件

快速化公路设置立体交叉应符合下列规定：

(1) 快速化公路主线与各级道路相交。

(2) 快速化公路辅路与高速公路、一级公路或作为干线公路的二级公路相交。

(3) 快速化公路辅路与城市快速路、主干路相交。

8.2.2 立体交叉分类及选择

立体交叉应根据相交道路等级、直行及转向(主要是左转车辆行驶特征)等分类，主要类型划分为互通式立体交叉和分离式立体交叉，其中互通式立体交叉分为枢纽互通式立体交叉和一般互通式立体交叉。

快速化公路立体交叉类型选择，应根据交叉节点在路网的地位、作用、相交道路的等级，并应结合交通转换需求以及立体交叉节点所在区域用地条件确定，并应符合附表 B-9 的规定。

快速化公路主辅路立体交叉选型　　　　　　　　附表 B-9

立体交叉类型	选　型	
	推荐形式	可用形式
主线——高速公路、一级公路(干线功能)	枢纽互通式	—
主线——其他公路	一般互通式	分离式
主线——快速路	枢纽互通式	—
主线——主干路	一般互通式	分离式
主线——其他城市道路	—	分离式
辅路——高速公路、一级公路或具有干线功能的二级公路	一般互通式	分离式
辅路——快速路、主干路	—	分离式

8.2.3 互通式立体交叉间距

互通式立体交叉的间距规定如下：

(1) 相邻互通式立体交叉的距离宜不小于 1.5km。

(2) 条件受限时，经论证相邻互通式立体交叉的间距可适当减小，加速车道渐变段终点至下一互通式立体交叉减速车道渐变段起点间的距离不得小于 500m，且应设置完善的标志、标线等交通安全设施。

(3) 当间距小于 500m，且经论证必须设置时，宜设置集散车道或将两者合并为组合式互通式立体交叉。

8.2.4 立体交叉主线设计

（1）主线线形指标应符合附表 B-10 的规定。

立体交叉口主线设计指标　　　　　　　　　　　　附表 B-10

设计速度(km/h)		100	80	60
圆曲线最小半径(m)	一般值	1500	1100	500
	极限值	1000	700	350
竖曲线最小半径(m)	凸形 一般值	25000	12000	6000
	凸形 极限值	15000(17000)	6000(8000)	3000(4000)
	凹形 一般值	12000	8000	4000
	凹形 极限值	8000	4000	2000
最大纵坡(%)	一般值	2	3	4.5(4.0)
	极限值	3	4	5(4.5)

注：1. 在分流鼻端前识别视距控制路段，主线凸形竖曲线最小半径取表中括号值。
　　2. 当互通式立体交叉位于主线连续长大下坡段底部时，减速车道下坡段最大纵坡取表中括号值。

（2）立体交叉范围内，主线分流之前应保证判断出入口所需的识别视距，识别视距应大于附表 B-11 的规定。

立体交叉主线识别视距　　　　　　　　　　　　附表 B-11

设计速度(km/h)	100	80	60
识别视距(m)	290(380)	230(300)	170(240)

注：1. 括号中为行车环境复杂、路侧出口提示信息较多时应采用的视距值。
　　2. 条件受限制路段，识别视距可采用 1.25 倍的停车视距，但应进行必要的限速控制并采取管理措施。

8.2.5 立体交叉匝道设计

（1）匝道设计速度应符合附表 B-12 的规定。

匝道设计速度(km/h)　　　　　　　　　　　　附表 B-12

匝道形式	直连式	半直连式	环形
枢纽互通式立体交叉	40、50、60	40、50	40
一般互通式立体交叉	40、50	40	30、35、40

（2）匝道全长范围内的停车视距应不小于附表 B-13 的规定。

匝道停车视距　　　　　　　　　　　　附表 B-13

设计速度(km/h)	60	50	45	40	35	30
停车视距(m)	75	65	50	40	35	30

（3）匝道平面设计

①圆曲线半径应符合附表 B-14 的规定。

匝道圆曲线最小半径　　　　　　　　　　　　　附表 B-14

设计速度(km/h)		60	50	40	35	30
最小半径(m)	一般值	150	100	60	40	35
	极限值	120	80	50	35	25

②回旋线长度和参数不小于附表 B-15 的规定,同时回旋线长度不宜小于超高过渡所需长度。

匝道回旋线参数与长度　　　　　　　　　　　　附表 B-15

设计速度(km/h)	60	50	40	35	30
回旋线参数 A(m)	70	50	35	30	20
回旋线最小长度(m)	50	40	35	30	25

③在分流鼻端,匝道平曲线的曲率半径和回旋线参数不小于附表 B-16 的规定。

匝道分流鼻处平曲线最小曲率半径和回旋线参数　　　附表 B-16

主线设计速度(km/h)		100	80	60
最小曲率半径(m)	一般值	300	250	200
	极限值	250	200	150
回旋线参数 A(m)	一般值	80	70	60
	极限值	70	60	40

(4)纵断面设计

①匝道的最大纵坡应符合附表 B-17 的规定。

匝 道 最 大 纵 坡　　　　　　　　　　　　　附表 B-17

设计速度(km/h)			60	50	≤40
最大纵坡(%)	出口匝道	上坡	4.0	4.5	5.0
		下坡	3.0	3.5	4.0
	进口匝道	上坡	3.0	3.5	4.0
		下坡	4.0	4.5	5.0

②匝道纵坡段的竖曲线最小半径及最小长度应符合附表 B-18 的规定。

匝道竖曲线半径、竖曲线长度　　　　　　　　附表 B-18

设计速度(km/h)			60	50	40	35	30
竖曲线最小半径(m)	凸形	一般值	2000	1600	900	700	500
		极限值	1400	800	450	350	250
	凹形	一般值	1500	1300	900	700	400
		极限值	1000	700	450	350	300
竖曲线最小长度(m)		一般值	70	60	40	35	30
		极限值	50	40	35	30	25

③匝道与主线相连接部位,其纵断面线形应连续,避免突变。

④出口匝道宜为上坡匝道,入口匝道宜为下坡匝道;上坡加速或下坡减速匝道应采用较缓的纵坡,避免采用最大纵坡。

(5)横断面设计

匝道横断面各组成部分的尺寸应符合下列规定:

①当匝道设计速度小于70km/m时,车道宽度应采用3.5m;当匝道设计速度大于70km/h时,车道宽度应采用3.75m。

②路缘带宽度应采用0.5m。

③设紧急停车带的单向双车道匝道,左侧硬路肩宽度宜采用0.75m;其余匝道应采用1.00m。

④当设紧急停车带时,右侧硬路肩宽度宜采用3.00m,条件受限时可适当减小,但单向单车道和单向双车道匝道不应小于1.5m,对向分隔式双车道匝道不应小于2.00m;当不设紧急停车带时,可采用1.00m。

⑤土路肩宽度宜采用0.75m;当条件受限时,可采用0.50m。

⑥中央分隔带宽度不应小于1.00m。

(6)匝道加宽

匝道圆曲线部分加宽应符合附表B-19的规定。

匝道加宽值　　　　　　　　　　　　　　　　附表B-19

单车道匝道		单向双车道或非分隔式对向双车道匝道	
圆曲线半径 R(m)	加宽值(m)	圆曲线半径 R(m)	加宽值(m)
25≤R<27	2.25	25≤R<26	3.25
27≤R<29	2.00	26≤R<27	3.00
29≤R<32	1.75	27≤R<28	2.75
32≤R<35	1.50	28≤R<30	2.50
35≤R<38	1.25	30≤R<31	2.25
38≤R<43	1.00	31≤R<33	2.00
43≤R<50	0.75	33≤R<35	1.75
50≤R<58	0.50	35≤R<37	1.50
58≤R<70	0.25	37≤R<39	1.25
R≥70	0	39≤R<42	1.00
		42≤R<46	0.75
		46≤R<50	0.50
		50≤R<55	0.25
		R≥55	0

匝道圆曲线加宽缓和段长度应采用与回旋线或超高缓和段长度相同的数值;设回旋线或超高缓和段时,加宽缓和段长度应按渐变率 1∶15 且长度≥10m 的要求设置。

(7)匝道超高

匝道上圆曲线不设超高的最小半径见附表 B-20,不设回旋线的匝道圆曲线极限半径与不设超高的匝道圆曲线最小半径相同。当反向横坡超过 2.5% 时,应另行计算确定。

匝道不设超高圆曲线半径　　　　　　　　　　　附表 B-20

	设计速度(km/h)	60	50	40	35	30
不设超高圆曲线最小半径(m)	反向横坡≤2%	1500	1000	600	500	350
	2%<反向横坡≤2.5%	1900	1300	800	600	450

匝道上圆曲线最大超高宜小于或等于 5%,具体规定见附表 B-21。

匝道圆曲线最大超高　　　　　　　　　　　附表 B-21

设计速度(km/h)	60	50	40	35	30
最大超高(%)	5	5	4	3	3

超高渐变率规定见附表 B-22。

匝道超高渐变率　　　　　　　　　　　附表 B-22

设计速度(km/h)	断面类型及旋转轴位置			
	单向单车道		单向双车道、非分隔式对向双车道	
	路缘带外边线	行车道中心线	路缘带外边线	行车道中心线
60	1/150	1/225	1/125	1/175
50	1/125	1/200	1/100	1/150
≤40	1/100	1/150	1/100	1/150

为了减少道路横坡处于水平状态时路面排水不畅的影响,超高渐变率不应过小,最小超高渐变率应符合附表 B-23 的规定。

匝道最小超高渐变率　　　　　　　　　　　附表 B-23

断面类型		单向单车道	单向双车道、非分隔式对向双车道
旋转轴位置	行车道中心线	1/800	1/500
	路缘带外边线	1/500	1/300

(8)立体交叉变速车道设计

①立体交叉匝道出入口处,应设置变速车道。变速车道分直接式和平行式两种,减速车道宜采用直接式,加速车道宜采用平行式。

②变速车道的长度为加速车道(或减速车道)长度与过渡段长度之和,变速车道长度不应小于附表 B-24 的规定。

变速车道长度　　　　　　　　　　　　　　　　　附表 B-24

设计速度(km/h)		100	80	60
减速车道长度(m)	单车道	125	110	95
	双车道	190	170	140
加速车道长度(m)	单车道	200	180	155
	双车道	350	310	270
平行式过渡段长度(m)		60	50	45
渐变率	出口 单车道	1/25	1/20	1/15
	出口 双车道			
	入口 单车道	1/40	1/30	1/20
	入口 双车道			

③坡上变速车道长度按附表 B-25 中的系数进行修正。

变速车道长度坡度修正系数　　　　　　　　　　附表 B-25

主线纵坡 $i(\%)$	$i \leq 2$	$2 < i \leq 3$	$3 < i \leq 4$	$i > 4$
下坡减速车道修正系数	1.00	1.10	1.20	1.30
上坡加速车道修正系数	1.00	1.20	1.30	1.40

9 快速化公路与铁路、轨道交通交叉设计

9.1 一般规定

（1）快速化公路与铁路、轨道交通交叉应设置立体交叉。

（2）快速化公路与铁路、轨道交通交叉设计年限应符合快速化公路规划交通量预测年限以及铁路和轨道交通设计年限的要求。对规划中的项目，必须有批准的规划修建年限，以确定预留交叉方式与条件。

（3）交叉工程应按各自专业特点、要求等进行优化设计，确定最有利的交叉位置和最佳跨越形式及其结构方案。

（4）交叉工程应根据快速化公路功能与使用要求，处理好与铁路、轨道交通等规划、工程的衔接关系，妥善处理因修建或改建所引起的干扰问题。

9.2 快速化公路与铁路、轨道交通立体交叉平纵面设计要求

（1）快速化公路与铁路、轨道交通立体交叉宜选在双方线形均为直线的地段，或平、纵线形技术指标高且通视良好的地段。

（2）快速化公路与铁路、轨道交通立体交叉，以正交为宜。受地形条件或其他特殊情况限制必须斜交时，应结合快速化公路与铁路、轨道交通的线形条件，尽量设置较大

的交叉角度。

（3）快速化公路与铁路、轨道交通立体交叉，在考虑铁路与轨道交通对立体交叉设置要求的同时，其位置应符合该路段快速化公路平、纵线形设计总体布局要求，使线形连续、均衡、顺适，不得在该局部地段降低技术指标。

（4）快速化公路与铁路、轨道交通立体交叉的改建工程，应根据路网规划确定快速化公路的设计速度、交叉位置等。由于改善交叉角或移位而改线时，其路线的平、纵技术指标不得低于相衔接路段的一般值，更不得采用相应快速化公路技术等级的最小值。

（5）快速化公路与铁路、轨道交通立体交叉的引道范围内，不得设置平面交叉。

（6）快速化公路与铁路、轨道交通立体交叉范围内的视距应满足停车视距要求。

9.3　快速化公路上跨铁路、轨道交通时的设计要求

（1）快速化公路跨线桥的跨径与净高必须符合1435mm标准轨距铁路建筑限界的规定。

（2）快速化公路跨线桥的跨径与布孔应根据地形、地质、桥下净空、铁路排水体系、沿铁路敷设的专用管线位置等综合确定。

（3）快速化公路上跨电气化铁路时，其跨线桥结构形式应按不中断电力输送的施工工艺与方法确定，不危及快速化公路施工和铁路行车的安全。

（4）快速化公路跨线桥及引道的排水系统应自成体系。跨线桥桥面雨水不得直接排至铁路建筑限界范围内。

（5）四车道及四车道以上的快速化公路上跨铁路时，考虑到公路、铁路弯、坡、斜及超高等因素，应对跨线桥四个周边的铁路建筑限界予以检核。

（6）快速化公路跨越铁路时，其跨线桥应设防撞护栏和防落网。

9.4　铁路、轨道交通上跨快速化公路时的设计要求

（1）铁路、轨道交通跨线桥的跨径与净高必须符合快速化公路建筑限界的规定。

（2）铁路、轨道交通跨越四车道快速化公路时，不得在中间带设置中墩。铁路跨越六车道及六车道以上快速化公路，必须在中间带设置中墩时，中墩两侧必须设防撞护栏，并留足设置防撞护栏和护栏缓冲变形的安全距离。

（3）铁路、轨道交通跨线桥所跨越的宽度应包括该路段快速化公路标准横断面宽度及其所附属的变速车道、爬坡车道、边沟等的宽度。

（4）铁路、轨道交通跨线桥的跨径与布孔应留有足够的侧向余宽，不得将墩、台设置在公路边沟、排水沟以内，并满足快速化公路视距和对前方路段识别的要求。不能满足视距与对前方路段识别要求时，应设置边孔。

(5)铁路、轨道交通跨越快速化公路时,其铁路跨线桥应设置防落网。

(6)铁路、轨道交通跨线桥及其引道的排水系统应自成体系,跨线桥桥面雨水不得直接排至快速化公路建筑限界范围内。

10 交通设施设计

10.1 交通安全设施

(1)快速化公路应配置完善的标志、标线和必要的隔离、防眩设施。

(2)快速化公路高架与高路堤路段必须设置路侧护栏。大、中型桥梁上应设置高缘石与防撞护栏。

(3)主线立体交叉及其周边地区路网应连续设置预告、指路、禁令等标志,辅路平面交叉宜进行渠化并设置信号灯。

(4)视线不良、急弯、陡坡等危险路段必须设置视线诱导、警告、禁令标志和安全防护设施。

10.2 交通管理设施

(1)快速化公路应设置完善的信息采集、交通异常自动判断、交通监视、诱导、主线及匝道控制、信息处理及发布等设施。

(2)当高架、桥梁、隧道设置结构检测、养护监测等设施时,应与路段的监控系统统一规划设计,协调管理。

(3)监控、收费、通信、照明等管理设施的建设规模应根据预测交通量进行总体设计,并据此实施基础工程、地下管线及预留预埋工程等。规划、设计交通信号路口和路段应预埋过路管。

11 其他设施设计

11.1 管线

(1)新建道路应按照规划位置敷设所需管线,且应埋地敷设,并符合国家现行有关标准的规定。

(2)快速化公路主线下严禁敷设纵向管线,管线宜在辅路、非机动车道、人行道、绿化带范围内敷设。管线敷设应符合《城市工程管线综合规划规范》(GB 50289—2016)等标准的规定。

(3)地上杆线应设在公路设施带内,不得侵入道路建筑限界。

（4）管线种类、管线走向、容量规模、预留接口、预埋过路管道和敷设方式应满足管线专业规划的要求，并为远期发展适当留有余地。综合安排各类管线，合理分配管道走廊，合理处理管线交叉，满足现行有关技术标准的要求。各类管线（构造物）之间水平和垂直的最小净距，应根据其类型、高程和管线损坏的后果等因素，按管线综合规划或相应标准确定。

（5）快速化公路下管线的沟槽回填必须达到公路路基压实度要求。

（6）管线与高架、桥梁或隧道合并敷设和管线跨越高架、桥梁或隧道敷设时，必须符合现行有关技术标准的规定。

（7）快速化公路范围内输送流体的管渠系统应保证其严密性，防止渗漏。输送腐蚀性流体的管渠系统还应耐腐蚀，严禁泄漏。

11.2 排水

（1）快速化公路排水设计应以总体规划和排水专业规划为主要依据，符合现行有关标准的规定，满足城市防洪的要求。

（2）快速化公路路面应根据公路所在区域和公路级别采用适当的路面排水方式。路面水必须采取可靠的排除措施，应保证路面水迅速排除。

（3）当快速化公路的地下水可能对其造成不良影响时，应采取适当的排除或者阻隔措施，其结构层内可根据需要采取适当的排水或隔水措施。

（4）快速化公路雨水口的形式、设置间距和泄水能力应满足公路排水要求。雨水口的布置方式应确保有效收集雨水，雨水不应流入路口范围，不应横向流过行车道，不应由路面流入桥面或隧道。一般路段应以适当间距设置雨水口，路面低洼点应设置雨水口，易积水低端的雨水口宜适当加大泄水能力。

（5）隧道内需将结构渗透水、地面冲洗废水和消防废水等排至洞外时，应设置排水设施；当洞外水可能进入隧道内时，洞口上方应设置截水、排水设施。

（6）排水设计应符合《室外排水设计标准》（GB 50014—2021）的规定。

11.3 照明

（1）快速化公路照明工程应遵循安全可靠、技术先进、经济合理、节能环保、维修方便的原则。照明设施维护及管理应符合现行有关标准的规范。

（2）快速化公路照明应满足平均亮度、亮度均匀度、眩光限制和诱导性指标的要求。此外，快速化公路设施还应具有良好的诱导性。

（3）曲线路段、主线立体交叉、辅路平面交叉、高架、桥梁、坡道、广场、停车场等特殊地点应比平直路段连续照明的亮度高、眩光限制严、诱导性好。

(4)快速化公路照明应根据所在地区的地理位置和季节变化合理确定开关灯时间,并应根据天空亮度变化进行必要修正。宜采用光控和时控相结合的智能控制方式,有条件时宜采用集中遥控系统。

(5)快速化公路照明设施选型应与公路景观相协调。

(6)中间带宜设置防眩设施,无防眩设施时应设置照明。

(7)道路照明设计应符合《城市道路照明设计标准》(CJJ 45—2015)的规定。

参 考 文 献

[1] AASHTO, American Association of State Highway and Transportation Officials. A Policy on Geometric Design of Highways and Streets[M]. 6th Ed. Washington, D.C., 2011.

[2] Transportation Research Board, National Research Council. Highway capacity manual[M]. Washington D.C., 2000.

[3] Al-Kaisy A, Zhou M, Hall F. New Insights into Freeway Capacity at Work Zones: Empirical Case Study[J]. Transportation Research Record Journal of the Transportation Research Board, 2000, 1710(1):154-160.

[4] Neudorff L G, Randall J E, Reiss R, et al. Freeway Management and Operations Handbook[M]. Washington D.C., 2003.

[5] 王新明. 干线公路快速化改造跨越方式的比选优化[J]. 交通科技, 2013(S1):87-89.

[6] 王云泽, 王蓓. 欠发达地区干线公路快速化设计方法研究[J/OL]. 城市建设理论研究(电子版), 2013(22). http://vip.shzhaoqil.cn/qikan/hexin/365.html.

[7] 陈至辰. 快速城市化地区干线公路交通改善方案研究[D]. 西安:长安大学, 2007.

[8] 彭庆艳, 蒋应红. 城市化进程中公路与城市道路关系研究——以上海市嘉定区道路系统为例[J]. 城市交通, 2007, 5(2):47-50.

[9] 吴祖峰, 茅国振, 高红升, 等. 公路与城市道路的融合研究——以宁波市江北区为例[J]. 城市管理与科技, 2005, 7(2):75-76.

[10] 姚玲玲. 公路和城市道路技术标准确定探讨[J]. 科技信息(科学教研), 2007(21):382+312.

[11] 钟宇翔. 开放式干线公路过境设计研究[D]. 南京:东南大学, 2008.

[12] 吕永雄, 马健萍. 公路改造为城市过境道路路幅横断面方案设计探讨[J]. 广东公路交通, 2005(2):53-55.

[13] 朱水坤, 陈必, 陈飞. 快速城市化地区干线公路断面布置型式研究[J]. 公路交通科技(应用技术版), 2006(9):66-68.

[14] 李娟. 公路与城市道路连接问题的研究[J]. 交通运输工程与信息学报, 2010, 8(1):20-24.

[15] 中华人民共和国住房和城乡建设部.城市快速路设计规程:CJJ 129—2009[S].北京:中国建筑工业出版社,2009.

[16] 中华人民共和国交通运输部.公路路线设计规范:JTG D20—2017[S].北京:人民交通出版社股份有限公司,2017.

[17] 顾叶华.干线公路快速化改造的关键技术研究[D].南京:东南大学,2014.

[18] 霍敏.干线公路快速化改造关键技术问题研究[D].南京:东南大学,2016.